菩薩として生きる

目次

目　次

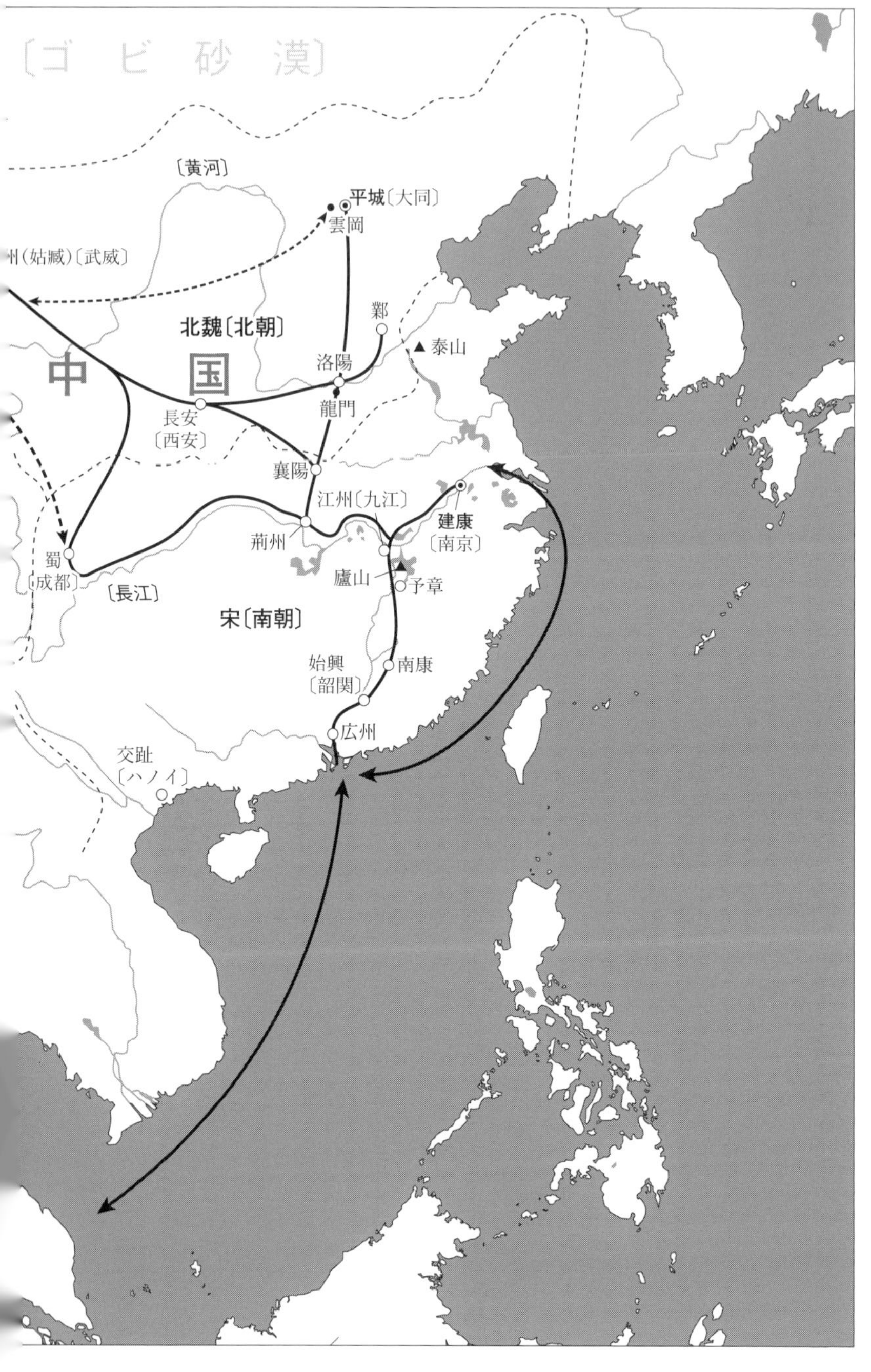
〔ゴビ砂漠〕
〔黄河〕
平城〔大同〕
雲岡
州(姑臧)〔武威〕
鄴
北魏〔北朝〕
泰山
中国
洛陽
龍門
長安
〔西安〕
襄陽
江州〔九江〕
建康
〔南京〕
荊州
蜀
〔成都〕
〔長江〕
廬山
予章
宋〔南朝〕
始興
〔韶関〕
南康
広州
交趾
〔ハノイ〕

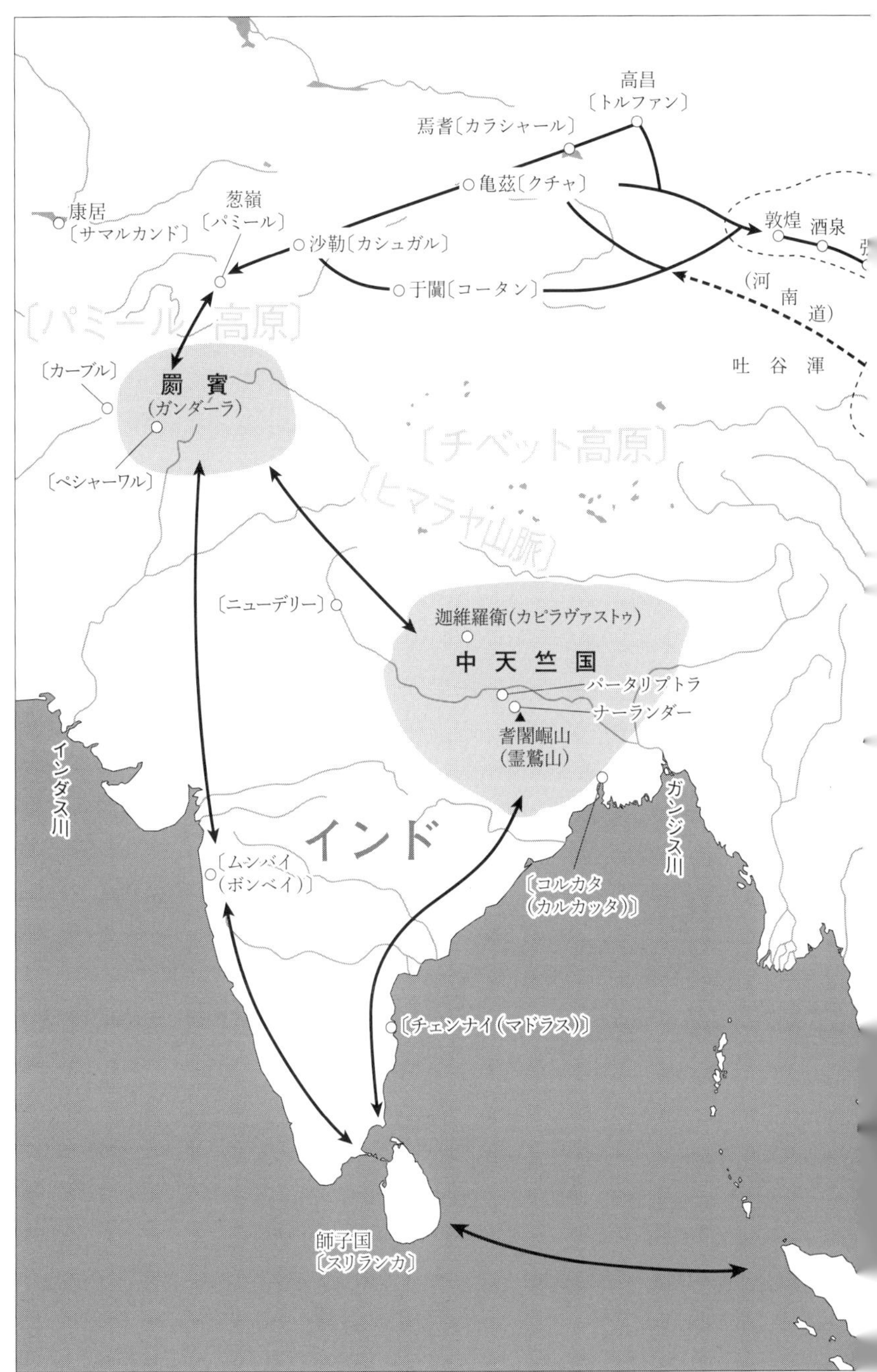

インド中国地図（五世紀前半）

序　身体的な営み

世界の様々な宗教には、心のあり方を最も重んじる宗教もあれば、頭より体を動かすことの方が重要とする宗教もある。では仏教はどうだろう。始めに本シリーズ五冊全体の主題として、仏教のもつ様々な面のうちでも特に話すこと・体を動かすことなどの行動について基本的な事柄を確認しよう。

〔船山　徹〕

総　論

本シリーズ全体の繋がりを表すため、本シリーズ五巻の構成を示すと、次の通りである。

仏教の歴史と現在を扱う本シリーズは、仏教の中でも実際の生活や行為と強く繋がる面に焦点を当てる。普通に仏教を題材とする概説書と言うと、仏教を思想や教理という抽象的なところから照らし出すことが多い。本シリーズはこれまでありそうで数量の少なかった仏教に根ざす活動の現実面を主な対象とする。

このように書くと、すぐに読者からの問いが聞こえてきそうである。すなわち、「仏教は悟りをめざす修行を行う宗教なのであるから、仏教と実践が結び付くのは当然ではないか。それなのになぜ仏教と実践との結び付きを殊更に強調するのか」といった問いである。宗教という語については後説することとして今は触れないが、本シリーズで仏教と実践の繋がりとか実践仏教とかの語を用いる際の意図するところについては、ここで説明しておくべきであろう。従来、論文や本の題名において仏教の実践という場合、それは実践そのものでなく、実践に関する理論を論ずる場合がほとんどである。最近の一例を挙げると、高崎直道監修、桂紹隆・斎藤明・下田正弘・末木文美士編『シリーズ大乗仏教第三巻　大乗仏教の実践』（二〇一一年）があり、「実践」と関わる概説八章を収める。同書「はしがき」において、末木氏は同書において意図する実践という語の意味を簡潔に説明している。すなわち実践という観点には、「どのように実践されているかという、実践そのものの記述的な研究」と、「実践とは言いながら、実践思想ともいうべきもので、実際にどのように実践されたかではなく、三蔵の聖典にどのように記述され、その実践がどのように思想的に意味づけられているかを研究するもの」という二つの視点があると説明し、同書『大乗仏教の実践』は第二の実践思想という観点を中心としながら第一の観点について古い時代に関する部分に限って加味した概説書であることを明らかにしている。これは、『大乗仏教の実践』は大乗仏教の実践思想を中心とする概説であるということである。末木氏の解説は明瞭であり、このような「実践」に関する一書を編むことをわたくしは評価するにやぶさかでない。したがって同書の意図に異義を差し挟むつもりもない。

ただ、実践の理論と実践そのものの間には自ずと異なりがあることは、誰しも認めねばならないだろう。例えば、仮に「インド大乗瑜伽行派の瞑想の実践」という題名の概説があるとしよう。このような題の論文が実践それ自体やその具体的な事例を取り上げることなく、専ら「実践に関する理論・教理学」の説明に終始することは、仏教学の論文でままあることだ。また、実践に含まれる事柄の中には、理論的説明の対象とはなりにくいものがあるのも事実である。こうした理論の枠組みに収まりきらないような実践の具体的事例や諸相を主題とするならば、仏教の多様な歴史や文化はどのように説明できるだろうか。これは検討に値する論題である。それ故、まさにこの点に意を注ぐものとして、この『シリーズ実践仏教』という叢書を世に問うてみたい。わたくしは編者として、この新たな目論見の意義を探究してみたいと思う。

仏教の行為と言うと、行為は漢訳で「業（ごう）」と言い表し、身体で示す行為と言葉で示す行為と心の中で思う行為の三種がある。漢訳の言葉で示せば身業（しんごう）・口業（くごう）（または語（ご）業）・意業（いごう）の三業（さんごう）である。一方、現代日本語で行為や行いと言う場合は、身体的行為と言語的行為を中心に論ずることが多い。しかし仏教では、それら二種の行為の源には、心の中で意欲すること・志向することが原因として重い意味をもつと考える。したがって本シリーズにおいても、仏教を実践して示す行為と言う場合、身体的行為と言語的行為を含むのは勿論だが、さらに、心の働き・精神活動にも着目し、仏教の実践を総合的に、様々な角度から取り上げる。

シリーズの皮切りとして、第一巻は全体の編者である船山が担当し、大乗仏教の実践を最も端的に指し示す「菩薩として日々を生きる」ということの内容を概説する。一冊を二章に分ける。第一章は、菩薩として生きることについて、過去の仏教史はどのような理論を構築し、どのような実践活動があったと記録しているかを説明する。

その内容を基にして、後半の第二章は、菩薩の実践は仏教の他の様々な局面とどう関係するかを、特に行為を主眼とする立場から提示し、後続する四巻への序を兼ねた概説を試みるつもりである。

本シリーズの想定する読者は仏教の専門家や学生ではなく、仏教に何らかの興味を抱くが、仏教の知識はあまり豊富でないかもしれない一般読者である。

仏教の概説は、サンスクリット語や漢語（いわゆる漢文）、チベット語など本当に扱いにくく、教理的にややこしくて意味を容易には理解できない古典語を使って語ることが多い。しかも仏教の語彙は、読んでもすぐには意味の分かるはずのない、まるで読者を冷たく拒否するかのような難しい専門語を駆使し、実に細かな理論づけをする。そのため特に過去の仏教の歴史と教義について論ずる概説書は、とにかく読みにくく、頭に入りにくいという批判をしばしば受ける。通読できるような内容となっておらず、著者の自己満足に過ぎない書きぶりの概説もある。仏教書にこうした問題が山積していることをわたくしは否定しない。まったくその通りである。むしろ本当に問題なのは、仏教書は分かりにくいものと開き直り、問題の解決法を放棄したまま済ませていることではないだろうか。

本シリーズは一般読者になるべく理解しやすい内容を提供することを目指す。そのため仏教書の難解さという弊害を何とか克服するため、シリーズ全体を通じて、論述の仕方として次の三点を心懸ける。

1　読者が仏教語を知っているとは前提せず、仏教語に馴染みのない読者でも理解できる説明となるよう配慮する。

2　一般には知られていない古典語――サンスクリット語や古典漢語など――をきちんと説明しないで用いることのないよう配慮する。仏教語を用いる時は、その意味を平易な現代日本語で説明して用いる。

3　本シリーズは概説であり、研究の為の書物ではないから、原文を引用する際は必ず現代日本語訳を示すものとする。研究書としては現代日本語訳の後に原文を示すか、原文を注記すべきであろうが、本シリーズでは読みやすさと分かりやすさを優先し、原文や原語の提示は最小限に止める。

この三点を全体に渡る表記法とし、通読できる内容となるよう、仏教と関わる諸事象を語り示すという実践が首尾よく進むよう意を注ぎたいと思う。

総論はここまでとする。これより以降、第一巻の内容に移る。特別な知識を前提せずに読める概説とするため、最初にまず、ごく一般的な、誰でも分かるようなことから説明を始め、徐々に仏教の内容に踏み込んでゆくようにしたい。

第一節　仏教は宗教か、哲学か、倫理か

仏教は、民俗宗教のあり方を越えた「世界宗教」と言われる。世界宗教とは、個々の民族や文化の習慣や規範にとらわれず国家・言語・文化の壁を越えて浸透した宗教のことである。

仏教の普及した地域は広い。もとはインドのガンガー河（ガンジス河）中流域の辺りに発した。具体的には現在のインド共和国ビハール州のボドガヤ Bodh Gaya がその地であった。ボドガヤに今も現存する菩提樹（ピッパラ）の下で開祖の釈迦（しゃか）は悟りを開いた。その後、釈迦は現在のビハール州やウッタル・プラデーシュ州など各地を徒歩で移動しながら教えを弘めた。それは当時の婆羅門（ばらもん）階級が認める婆羅門教（ブラフマニズム）――ヒンドゥー教の中核――から見れば、新興宗教そのものだった。

釈迦の活動によって多くの出家者が現れ、仏教は現在のインド共和国やスリランカ民主社会主義共和国・パキスタン＝イスラム共和国・バングラデシュ人民共和国を含むインド文化圏に波及した後、陸路では内陸アジアを経て中国へ、海路ではスリランカから東南アジア諸国を経て中国へ伝わり、漢語に翻訳した仏典を用いる東アジア漢字文化圏の仏教を生み出した。これを仏教の東方伝播とか仏教東漸と言う。そして早い時代から仏教は漢字文化圏の一部であった新羅（しらぎ）や百済（くだら）など朝鮮半島に伝わり、さらに極東の日本に伝わった。現代には仏教東漸がさらに進み、新たな様相を呈している。すなわち日本から海を越えてさらに東のアメリカ西海岸に伝わり、研究者でない一般信者向けの英訳仏典の出版も盛んである。このようにインドに発した仏教は、現在では日付変更線を越えた東漸を果たし、世界各国に普及し、

弘まり続けている。本巻冒頭「インド中国地図（五世紀前半）」も参照されたい。

ところで仏教の源泉と言うべき前近代インド伝統文化は、古典サンスクリット語で表記した伝承や文献を主な基盤とする。古典サンスクリット語には、現代日本語の「宗教」や、その基となった西洋語「レリジョン religion」にぴったり当てはまる概念や語彙はなかった。現代日本語の意味を確認しておくと、例えば『広辞苑』第七版は「宗教」をこう説明する、「(religion) 神または何らかの超越的絶対者、あるいは卑俗なものから分離され禁忌された神聖なものに関する信仰・行事・制度。また、それらの体系。帰依者は精神的共同社会（教団）を営む」云云。しかし仏教は神を信仰しないし、他の超越的絶対者も是認しない。そもそも「宗教」という語には異なる二つの意味合いがある。この語は前近代に存在し、仏教書でも用いたが、それは「大本の教え、根本的な教え」を意味する語だった。その後、明治時代の早期に、外来語の religion に対する日本語訳として「宗教」が選ばれ、同時に「宗教」の意味もレリジョンの和訳のみへと変わった。そしてこの語は日本から中国に逆輸入されて中国語としてもレリジョンを意味する語となった。十九世紀後半の明治初期より以前には、religion を意味する「宗教」は、概念としても言葉としても東アジアのどこにも存在しなかったのである。

古典サンスクリット語には現代日本語の「哲学」とその基となった西洋語「フィロソフィー philosophy」と合致する語もなかった。再び『広辞苑』によれば、哲学とは、「……物事を根本原理から統一的に把握・理解しようとする学問。古代ギリシアでは学問一般を意味し、近代における諸科学の分化・独立以降、諸科学の批判的吟味や基礎づけを目ざす学問、世界・社会関係・人生などの原理を追求する学問となる。認識論・倫理学・存在論・美学などを部門として含む」と説明される。ここでも哲学はヨーロッパ文明の文脈で規定され、インドや中国の文化を想定していない。

　そもそも中国の古典漢語で仏教を意味する語は「仏教」でなかった。確かに仏教という語は検索すれば見付かる。しかしそれは仏の教えでなく、「仏は教えた」という主語と動詞である場合がほとんどであって、二字の熟語名詞ではない（ただし前近代の文献に「仏教」が「仏の教え」を意味する例が皆無というわけではない。しかしその用例は現代と比べると遥かに少ない）。前近代の仏教において仏教を意味する語は「仏道」「釈教」「道教」「仏法」などであった。そして現在用いる「仏教」は近代に西洋語「ブディズム」の訳語として確定した、いわば新たな造語である。

　現在普通に「インド哲学」と言う場合、それに当たる語を古典サンスクリット語に求めれば「ダルシャナ *darśana*」（「〔ものの〕見方・考え方」の意）が最も近い。しかしダルシャナは、西洋でいうところの哲学と宗教の両面を合わせもつ、広い概念であった。ダルシャナは思想を意味すると言ってもよいだろう。しかし宗教を除外した思想でなく、宗教をも含めた思想である。インドの思想は「解脱（モークシャ *mokṣa*）」と呼ばれる悟りを最終目標とするため、思想と宗教を切り離すことはできない。インドの思想は理知的な精神活動のみならず、身体を動かす行為とも必然的に繋がっている。また、広義の思想に当たる他のサンスクリット語としてはドゥリシュティ *dṛṣṭi*（見方、*darśana* と同義）やマティ *mati*（考え）、マタ *mata*（考えたこと）などを挙げることもできるが、これらも思想と宗教の両方を意味する。

　古典サンスクリット語には、現代日本語「倫理学」とその基となった西洋語「エティックス ethics」

にぴたりと合う語もなかった。再び『広辞苑』によれば、倫理学という語は、ethicsという語に井上哲次郎（一八五六〜一九四四、後に東京帝国大学初の哲学科教授）が当てた訳語であり、「人格的・規範的・社会的存在としての人間の価値や行為、また相互の共存の規範・原理を考究する学問」を指し、道徳哲学と同義とも言われる。仏教はこの意味での倫理学かと言えば、同じではない。仏教は社会を生きる教えを含むが、人間を社会の中だけで見るのでなく、社会に収まらないような生き方にも眼を向け、出家という生き方に価値を置く。この意味で、仏教の教えが社会の枠内に収まる倫理とは相容れない場合も時に生じる。

第二節　大乗と部派仏教（小乗）

インドの仏教は大乗（だいじょう）と小乗（しょうじょう）に大別できる。釈迦牟尼（しゃかむに）の生前と釈迦を受け継いだ直弟子の頃の時代の仏教を「初期仏教」と言う。その後、仏教徒数が増えたことと関連して出家教団が一枚岩でなくなり、見解の相違が生まれたことを契機に、複数の部派（ぶは）（生活や考えを共有する集団）に分かれた。これを「部派仏教」と言う。この時代は釈迦の没年をいつと見るかと関わるため必ずしも定まらないが、三世紀程は続いた。

その後、西暦でいうところの紀元直前頃、部派仏教を批判し改革を求める人々が「大乗仏教」という新たな動きを生み出し、それ以前から存在していた部派の伝統と新たな大乗とが併存する時代となった。

この動きは、十三世紀の初め頃に、仏教がインドから消滅するまで続いた。こうした流れの中で、大乗より以前から存在していた部派仏教を「小乗仏教」と称することがある。

ただ、小乗という呼称には注意が必要である。後の改革派である大乗は、部派仏教よりも多くの者たちを救済できるという意図で、自らの立場を「大きな乗り物（マハーヤーナ Mahāyāna）」と呼び、同時に、自分たちが批判の標的とした部派仏教を「劣った乗り物（ヒーナヤーナ Hīnayāna）」と呼び蔑んだ。「劣った乗り物」をそのまま漢訳（古典漢語に翻訳）した「劣乗」という語もあった。ただ、中国では、より柔らかな語感をもつ「小乗――小さな乗り物」という語で部派仏教を呼称するのが通例だった。つまり「ヒーナヤーナ」も「小乗」も、「大乗」を優位とする立場からの一方的で身勝手な蔑称である。部派仏教に属する人たちを小乗と呼べば目の前にいる彼らを傷つけてしまうことが大いにあり得るということを頭に入れておかねばならない。

日本は原則として今も、ほとんど単一民族の国家と言ってよい状態で、しかも日本の仏教はほとんど大乗仏教のみであるが故に、このことに気付きにくい。しかし例えば、北米で「ヒーナヤーナ」という語を使えば、たちどころに差別問題が生じかねない。大乗でない仏教の実質上の要となる大勢の人はスリランカの上座部（テーラヴァーダ Theravāda）に直接間接に属するから、「ヒーナヤーナ」を用いず、「テーラヴァーダ・ブディズム」と称すればよいと言う人も時々いる。しかしこれも適性を欠く。テーラヴァーダは諸部派の一つに過ぎないから、諸部派の総称としては使えないのである。

【部派仏教の英語表記】 宗教や民族の絡む現代的問題についてアメリカ合衆国は敏感である。そのため、アメリカで活躍する仏教研究者は「部派仏教」を英語でどう表現するかに心を砕く。「部派」に当たる原語がサンスクリット語「ニカーヤ *nikāya*」であったことから、「部派仏教」を「ニカーヤ・ブディズム」と称したこともあり、今も用いる人がいる。しかし「ヒーナヤーナ」と同様に、この語も好ましくない。「ニカーヤ」は英語でないから、英語を母国語とする普通の人々には意味不明の外国語である。したがって「ニカーヤ・ブディズム」は、誰もが分かる英語表記とは言えない。近年はこうした事情から、歴史的な意味合いで「部派仏教」を指す場合は、それが大乗という新興仏教に先んじて存在していた主流の仏教であったという含みを込めて「『メインストリーム』ブディズム "mainstream" Buddhism『いわゆる主流』の仏教」と表記する案も出て、かなり受け入れられている。しかしながら、私見によればこれも手放しで使うことは難しい。というのは、部派が主流であった時代は大乗が登場する以前か登場した当時または直後であり、さらに後、例えば紀元後八世紀や十世紀頃の、大乗仏教が確実に優位化した時代に、部派仏教を "mainstream" Buddhism と称するのは皮肉の感さえ否めない。このため、アメリカと異なり、ヨーロッパの仏教学者は、今も敢えて「ヒーナヤーナ」を用いる。彼らは、「これまで伝統的にヒーナヤーナと呼ばれていた仏教」の意味を込めて、現代の宗教や民族に対する差別をまったく込めない、歴史的に中立の学術語であることを合意した上で「ヒーナヤーナ」を敢えて用いるのである。

第三節　行為の三種

さて、ここまで「行為」という言葉を特に説明しないまま用いてきたが、仏教の行為という場合、行為とはどのようなことを指すか、原語は何か、どのように細分できるかを明らかにしておきたい。

行為は行いと言い表すこともできる。行為は、サンスクリット語で「カルマン *karman*」、パーリ語で「カンマ *kamma*」と言う。その一般的な英訳は「アクション action」である。現代語として「カルマン」でなく「カルマ」と表記することが多いのは語形の相違に過ぎない。「カルマン」は中性名詞の原形であり、その単数主格形が「カルマ」である。格変化上の語形は異なるけれども、意味は同じである。

【サンスクリット語とパーリ語】　サンスクリット語（洗練された語、完成された語の意）は、インドの言語文化において最も正統な言語であった。インドにおけるサンスクリット語の役割は、中世ヨーロッパにおけるラテン語に相当し、正確にして正統な学術言語として重視された。サンスクリット語の対義語はプラークリット語（自然言語の意）と総称される。仏教の開祖ガウタマ・ブッダは、生前、古代マガダ語と呼ばれる土地の言葉で説法したが、その後、インド各地の様々な言語で伝えられた。そのうち特に有名な言語はパーリ語（聖典語の意）であり、スリランカと東南アジア諸国で仏典語として代々用いられてきた。仏典を伝えるインド語はほかにもあるが、サンスクリット語とパーリ語が主要な二言語であった。

インド文化について論ずる際にわざわざ外来語の「カルマン（ないしカルマ）」を使用するのには理由

がある。それは「カルマン」は「アクション」と厳密にはまったく同じとは言えないことに由る。アクションと言えば、行為という動作ないし行為した内容を指すけれども、インド文化におけるカルマンは、仏教のみに限らず、伝統的な婆羅門教における場合にも、行為そのものだけでなく、行為した後に残る余力・余勢・影響をも含意する。このことはインド思想の概説書がしばしば説明する通りである。

こうした事情から、インド人は「カルマン」を「アクション」よりも広い意味で使う。行為が残す影響力までカルマンに含める。その結果、英語では外来語「カルマ」を敢えてそのまま用いるのである。

次に、行為の種類分けを説明する。仏教では行為を三種に分ける。体を動かす行為・口で言い表す行為・心の中で志向することの三種である。これらは身体的行為・言語的行為（発話行為）・意志的発動と言い換えてもよい。漢訳で表記すると、この三種は順に身業（しんごう）・口業（くごう）（または語業（ごごう））・意業（いごう）である。この三種をさらに細かく分類する必要がある時は、全体を十種に区分して「十業（じゅうごう）」と呼び、善い行為を十善業（じゅうぜんごう）、悪い行為を十悪業（じゅうあくごう）と言う。それらを細分する際は、善悪それぞれについて身業に三種、口業に四種、意業に三種ある。悪業の内訳は、次の十種である。

十悪業
殺生（せっしょう）（生きものを殺す）・偸盗（ちゅうとう）（盗む）・邪婬（じゃいん）（認められない性行為）……………三種の身業
妄語（もうご）（嘘をつく）・悪口（あっく）（粗悪な言葉）・両舌（りょうぜつ）（二枚舌）・綺語（きご）（それ以外）……………四種の口業
貪（とん）（むさぼる）・瞋（しん）（怒る。かっとなる）・愚癡（ぐち）（無知。ぼおっとする）……………三種の意業同様に、悪業の裏返しである善業は、次の十種である。

十善業

不殺生・不偸盗・不邪婬……………………………………三種の身業
不妄語・不悪口・不両舌・不綺語……………………………四種の口業
無貪・無瞋・正見（しょうけん）………………………………………三種の意業

以上を踏まえて、ここで再び三種の行為（三業）に戻ろう。三種の行為は、その全体を二段階に分けることができる。まず何かをしようという意思が心に起こる段階と、実際に身体的行為や言語的行為を起こす段階とである。大きな勢力を有した説一切有部（せついっさいうぶ）の説によれば、仏教特有の術語として前者の段階を思業（しごう）と言い、具体的には志向や意思の発動を指す。初期のこの段階の思業は意業と同じである。そして後者の段階を思已業（しいごう）と言い、具体的には身業と口業を指す。

思業と思已業の二種のうち、行為論としてより重い価値を有するのは、根本原因である思業の方である。後に現象化する行為よりも、その根本となる動機・原因を重視する見方が、ここに現れている。

以上に略説した行為の理論は、教理学の内部に入り込むと極めて煩瑣で、複雑極まりない。部派仏教には部派ごとに少しずつ異なる行為論があり、大乗にも特有の行為論があるため、やっかいな問題が実に多い。しかし細かな理論より、実際の行為に視点を限るなら右の説明でほぼ十分であろう。

次に、大乗特有の事柄に移ろう。菩薩として生きるとは、一体どのように生きることであろうか。まず「菩薩」という語は、サンスクリット語「ボーディ・サットヴァ *bodhisattva/bodhisatva*」を略記した音写語である。その意味は、語義解釈の仕方によって異なり、「悟り（ボーディ）に向かう存在（サットヴァ）」、「悟りの心を有する者」、「悟りに心懸ける者」など、数通りに解釈される。

菩薩として生きるには菩薩の自覚を抱くことが必要であり、それを心に誓う。すなわち自らが将来、悟りを体得して仏となることを誓う。しかし自分だけが悟ればよいのでなく、現に存在する迷える衆生（命ある生きもの）をすべて救済して悟らせる、いわゆる「利他行（他者を益する行為）」を実践し、その後、最後に残った一人として自ら悟りを得ようと誓願する。そしてこの願を立てた後は、たとい何度生まれ変わっても菩薩として生き続ける覚悟で、菩薩の生活を始める。これが菩薩として生きることである。

このように菩薩は自ら悟りを得ようと努力し、同時に他者の為に生きようと努力する。このような菩薩の二側面を、仏教語として「自利行（自らを益する行為）」と「利他行（他者を益する行為）」と呼ぶ。修行し続けることがそのまま他者に救いの手を差し伸べて救済する行為でもある。

菩薩の行いは十地という十種の段階に分けて進むと大乗は理解し、十地説を立てた。それを端的に示す経典（スートラ）は『十地経』である。菩薩の行うべき十地は、初地・二地・三地・四地・五地・六地・七地・八地・九地・十地から成る。それを略図で示すと図1のようになる。修行者の階位は下から上に進み、例えば初地と歓喜地のように上下に示すものは、同じ地の別名である。

図1　菩薩の十地

初歓喜地
↑
二離垢地
↑
三発光地
↑
四焔　地
↑
五難勝地
↑
六現前地
↑
七遠行地
↑
八不動地
↑
九妙善地
↑
十法雲地

極めて雑な略図だが、菩薩行を下から上に上ってゆくという基本構造はお分かりいただけるだろう。このように大乗の菩薩として生きるとは十段階それぞれの地（ブァーミ *bhūmi* 菩薩の実践基盤）を順次進みゆき、自利と利他の実践を深める行為である。

ここで仏教一般に話を戻すと、仏教では行為には三種類あると考え、身体的行為と言語的行為に加えて、精神的行為——考える、思う——も行為とみなした。心の行為を漢訳で意業と言う。「意」の意味は「心」と同じい。例えば他人のものを盗もうと心に思った時点で、盗みという意業が生じる。同様に、誰かを姦淫したいと思ったら、実際に行わなくとも精神的行為として成立する。

そもそも身体的行為と言語的行為は、心に意欲が生じることを前提条件とする。二種の行為は表面的に現れ出た行為に過ぎず、究極的には精神活動を原因とするのである。行為の根本として心の内なる動きを重く見たため、行為は全部で三種とみなしたのであった。これが仏教の行為論を特徴づけたのは言うまでもない。心に思っただけでは何もしていないのと同じか、心に思ったら実際に行ったのと同じかは大きな違いである。これは、キリスト教で、心の中で思うのは実際に姦淫するのと同じかどうかを論ずるのに通じる観点である。

本書は大乗の立場からインドと中国の仏教史を取り扱う。その際、精神活動も行為に含まれるものとする。シリーズ五冊全体において、仏教の「実践」という語を用いる場合、仏教という教えを行為で現すこと全般を意味するものとする。つまり仏教において、体を動かしたり口で話したりする行為は、思想――哲学と宗教を合わせた広義の思想――と別でなく、同じ一つの枠内に収まると理解すべきである。

思考と行為が繋がるなど改めて言うまでもなく常識ではないか、なぜ敢えて言い立てるのかと訝る人もいよう。ことさら仏教を持ち出さずとも、思考と行為の繋がりはキリスト教にも妥当するし、倫理学もそれを主題とする。アメリカのプラグマティズム哲学も思想と実践の関わりを論ずる最たる一つ。わたくしもそれに異を唱えるつもりはない。確かにその通り。しかしながら、仏教的実践の諸相に思いを巡らすと、仏教に特有の、特に大乗に特有の行為論・実践論があることに気付く。このことを次に検討しよう。

第四節　大乗に特有の行為

大乗には大乗特有の行為がある。しかしそのことを述べる前に、前提として、大乗か否かを問わず、一般論としての仏教と社会的道徳のあいだの乖離や矛盾と取り沙汰される「孝」についてまず述べよう。

仏教では出家することと社会的道徳観との乖離がしばしば論議される。とりわけ中国では親への忠孝と出家の矛盾が取り沙汰された。出家の剃髪行為、これがまず問題となった。中国伝統の儒教を代表する『孝経』は、冒頭の開宗明義章、「身体髪膚は之れを父母に受く。敢えて毀傷せざるは孝の始めなり」（身体髪膚、受之父母、不敢毀傷孝之始也）と言う。すなわちわが身はすべて父母が与えてくれたものであるから、それを損なわないことこそ孝の第一歩である。ところが僧の剃髪は、正に「髪」を「敢えて毀傷」する行為であるから、出家剃髪して僧になるのは儒教倫理から見て決して認められないと厳しく、繰り返し非難された歴史がある。……因みにこの論でゆけば、現代にピアスの穴を開けるのも、整形手術するのも、タトゥーを入れるのも皆、親不孝ということになる。

これに仏教側はどう対応したかと言えば、同じ『孝経』を引いてやり返した。なるほど『孝経』に右の文言があるのは確かである。しかし経文はこれで終わらず、続きがある。すなわち「孝の始めなり」のすぐ後に、「身を立て道を行い、名を後世に揚げ、以て父母を顕わすは孝の終わりなり」（立身行道、揚名於後世、以顕父母孝之終也）と続くではないか、と。すなわち仏教側は、孝には初歩の段階もあるが、最大究極の孝が別にある。それは立派な人となって世に名を知られることで、その親の偉大さを広く世に顕彰すること、これこそが究極の孝であると応じたのであった。剃髪する以上、なるほど孝の始めとそぐわないところはあるけれども、立派な僧となり衆生を済度することは親に対する究極の孝となるのであるから、仏教は孝に反するどころか、孝の究極を実践する教え、正に孝と合致する教えであると主張したのだ。

蛇足ながら『孝経』の「立身行道、揚名於後世」は、卒業式で広く歌われる『仰げば尊し』の「身を立て名を揚げ」の出典でもある。

一、極悪人なら殺してもよいか

次に、大乗仏教に特有な実践の重みを象徴する事項を紹介しよう。それは、大乗の二大学派のうち、瑜伽行派（ヨーガアーチャーラ *Yogācāra* 坐禅による精神統御を中心に実践する学派）の根本典籍である『ヨーガアーチャーラ・ブフーミ *Yogācārabhūmi*（精神統御という行為の基盤）』の一節である。この書の多くの部分はサンスクリット語原典として現存するが、今はサンスクリット語からでなく、唐の玄奘が漢訳した『瑜伽師地論』から現代日本語に訳しておきたい。因みに玄奘は、後に小説『西遊記』の「三蔵法師」のモデルとなった人である。インドに十七年の長きに渡って留学し、膨大な量のサンスクリット写本を中国に持ち帰り、二十余年の歳月をかけて漢訳を残した中国仏教史上最大の漢訳者である。その玄奘がインドに留学したいと思った動機こそ、この『瑜伽師地論』の写本を得て漢訳し、世に弘めることだった。

大乗特有の実践を如実に示す問題の一節は『瑜伽師地論』巻四十一の「菩薩地」という章にある（「菩薩地」については第一章第二節の三に後述）。それを現代語訳すると次の通りである。

もし菩薩（＝利他行に誠心誠意を尽くす大乗の修行者）が、人の物品を劫奪する盗賊たちが財物を貪り求めようとして多くの者たちを殺そうとしたり、あるいは高徳の声聞（小乗）や独覚や〔大乗の〕菩薩を殺害しようとしたり、また、無間地獄に墜ちる悪い行為を行ったりするのを見たならば、それを見てこう考えるであろう、「私がもし彼ら悪人たちの命を断つならば、〔私は殺人という行為のために必ず〕地獄に落ちる。しかし、もし私が〔彼らの命を〕断たなければ、〔彼らは今後もさらに多くの人々を殺して〕無間地獄に墜ちる〔悪行〕をしてしまうから、きっと〔死後に地獄で〕大きな苦しみを受けるに違いない。ならば、私はむしろ彼らを殺して〔私自身が〕地獄に墜ち、彼らが遂に無間地獄の苦しみを得ないようにさせてやる方がよい」と。このようにその菩薩は望み、考え、彼ら（盗賊）に対して善の心で、あるいは善心でも悪心でもない心で（＝すなわち善悪中立の心で）この（殺人とその罪過の意味）を知ってから、将来の〔報い〕のために深く慚愧の念を抱きつつ、憐れみの心で彼らの命を断ってやる。

このような理由で、〔この菩薩に〕菩薩戒の違反は該当せず、〔逆に〕多くの功徳を生み出す。

（大正新脩大蔵経第三十巻・五一七頁中段）

右の一節の内容をよりよく理解するため少し補足しておこう。仏教で行為は、性質から「善」と「悪」と「非善非悪」（善でも悪でもない行為、「無記」とも）の三種に分かれる。そして殺人は、殺しという行為の本性から当然ながら悪行である。それ故に殺人は決してしてはいけない。——ところが右の一節では、大乗の修行者である菩薩が殺す対象として、善人でなく、多数の善人を殺し続ける殺人鬼である悪人の場合を想定する。その殺人鬼を生かしたまま放っておけば、罪なき多くの人々がこれまで同様に、あるいはさらに多く、将来も必ず殺されてしまうに違いない。このことは、火を見るより明らかである。そして多くの人を殺した罪により、殺人鬼は必ずや地獄に落ち、そこで悪業の報いとして苦しむに違いない。――そこでこの菩薩は、殺人鬼たちを殺すことによって、罪なき多くの人たちの命を救おうと決意する。しかし、殺す相手はたとい殺人鬼とて、殺しは殺しである以上、悪行であり、菩薩はその報いを免れない。それ故、殺人鬼といえども人を殺す罪によって、その菩薩は、死後、必ず地獄に墜ちる運命を迎えるに違いない。しかし、もしそれを恐れていては、多くの人々を救うことは決してできない。――究極の二者選択である。結局、菩薩は、自らが地獄に墜ちて苦しむのを覚悟の上で、敢えて殺人鬼を殺すことを選択するのである。怒りや興奮から殺すのではなく、冷静を保ったまま、殺人鬼に対して憐れみをかけながら殺すのである。――以上の戒律の条文を紹介した後、最後に、このような殺人は、たとい殺人であっても、大乗の菩薩が守るべき戒律に違反するものでなく、逆に功徳を生み出す肯定すべき行為であると結ぶ。

右に紹介した一節は大乗を学ぶ者のあいだでは良く知られた内容であり、これを認めるか否かを真剣に考え、我が身ならどうするかと問うてみることは、現代社会と仏教との関わりにおいて極めて重い問いかけである。一九九〇年代に我が国で起こった宗教絡みの社会的犯罪を思い浮かべる人も少なくあるまい。見て見ぬ振りをするか、悪人なら殺してもかまわないと思うか、それとも地獄に落ちる苦しみを受け入れてまで他者を救おうと決心できるか、自分がその立場から逃れられないとしたらどうするかが肝要である。

二、飲酒

さらにもう一つ、まったく次元が異なってしまうが、中国や日本の大乗仏教史に時々現れ、そして現代の日本でも見られる大乗と戒律の繋がりとして、飲酒の是非にも簡潔に触れておきたい。

一般論として言えば、仏教は酒を飲むのを認めない。飲酒禁止は、初期仏教から既に在家の五戒――不殺生・不偸盗・不邪婬・不妄語・不飲酒――に明記するばかりでなく、『律』（ヴィナヤ *vinaya* 出家者が教団の共同生活で守るべき規則）でも禁ずる。飲酒は仏教の最初期から一切禁止なのである。

またさらに、後の大乗論書に有名な『大智度論』がある。すべての現象は空であり、永遠不滅の本性など存在しないと説く『般若経』に対する注釈書である。そこに「酒の三十五失」が列挙されていることを知る読者もいよう（大正新脩大蔵経第二十五巻・一五八頁中段～下段）。酒には悪いところが三十五個もあるから決して飲むべからずと説いている。実際にその箇所を繙いてみると、酒は浪費である、酒は体に悪い、酒は喧嘩のもとなどから始まり、酒を飲むと裸になるとか、酒を飲むと秘密を人にしゃべってしまうとか、酒を飲むと失態を犯し後で自己嫌悪に陥るとか、実にいろいろ具体的に書いてある。わたくしも身に覚えのある耳の痛い話ばかりだ。まるで『大智度論』の著者は、酒飲みの悪態を脇で見ただけでなく、自ら酒を飲んで猛反省を繰り返した人ではないかと勘ぐりたくなる程の現実味に溢れる。

ところで今の日本で飲酒する住職は現実にかなり多い。ただし遵守すべき戒律規則は、所属する宗派の考えとつながる面もあり、一概に個人の次元のみで論ずべき事柄ではない。

それでもやはり日本の今の僧に宗派の垣根を越えて飲酒の習慣が根強いことは、事実として否定できない。酒を飲む僧には、飲酒それ自体は禁止されていないと理由づけする人もいる。例えば、仏教の戒律はすべて釈迦牟尼に遡るが、釈迦が『律』で禁じた酒は酒全般でなく、サンスクリット語で言うところのスラー酒・マイレーヤ酒・マディヤ酒を飲んではいけないと規定している。だからこの三種と異なる日本酒やビールは、飲んでも戒律に抵触しないと（屁）理屈を言う。煙草も同様に釈迦の時代に存在しなかったから『律』に何も規制されていない。だから喫煙しても戒律に違反しないという理屈ないし屁理屈を冗談半分、本気半分で言うのを聞いたりもする。しかしこうしたある種の原理主義を言い始めると、戒律を制定した本来の理由を蔑ろにしかねない。釈尊の時代になかったものは規定の対象外であると言うなら、僧は覚醒剤を服用してもよいのかという話にもなりかねない。確かに『律』は成文化した伝統規制であるけれども、一方でまた、後代社会に特有の行為を認めるか否かも、現実問題として無視できない。例えば、現在のタイ王国では、比丘が自転車に乗るのを許さないということを、わたくしはタイから来日した留学生比丘から聞いたことがある。それが伝統的なパーリ語の『律』に存在しなかった規則であるとしても、それに準ずる規則と制定されているならば、社会に適応する規制として、認めるべきに違いない。

本題である前近代の戒律条項に戻る。戒律や習慣の規定には時として、初期仏教や部派仏教の次元では禁止されるが、大乗では禁止しない事柄がある。先に「大乗特有の行為」の前項で取り上げた極悪人を殺す行為は正にその例であった。

このほか、ある行為を禁ずるか否かより、その行為の弊害に縛られるか否かの方をより重視することもある。飲酒はその一つであり、酒を飲むことより、酒を飲むことに執着する方が良くないのは勿論、酒を飲まないことに執着するのも同じく良くない、それ故、酒は飲む・飲まないの次元ではなく、酒に執着しないこと、すなわち飲酒行為から精神的に自由であることが重要である。それ故に、要は、酒を飲んでも飲まれなければよいのであると話す僧にわたくしは出会ったことがある。

わたくしがこうしたことを論うのは、仏教の過去の歴史が関わる。現代の僧侶だけのことではない。酒を般若湯と称したことは日本で知られているが、その基は中国にあったことが知られている。

また、中国の唐の時代に、本人は酒びたりになっていたけれども、その一方で、道教勢力に屈せずに仏教の優位を保つ論陣を張った護法菩薩として称えられた僧がいたことを示す興味深い逸話が『太平広記』にある。主たる登場人物は二人の仏教僧。道宣（五九六～六六七）と法琳（五七二～六四〇）である。話の筋書きは現代語訳で示すと次の通りである。

唐の武徳年間（六一八～六二六）、終南山の〔道〕宣律師は戒律を守り、天人の韋将軍ら十二人が天界より下って来る感応を得た。その脇に護衛する一団がいて、そこに〔四天王のうち〕南天王の息子、張璵がいて、常に律師に仕えた。

ある時、道人の法琳が酒を飲み、肉を食らい、妄な付き合いをして妻子ある身となった。〔道宣〕律師は街中にいた時、法琳がすれ違っても、礼をしなかった。天王の息子（張璵）が律師に、「自らをどのような人物と心得ていますか」と言ったところ、律師は「私は聖者の方かと」と答えた。王子は、「師はまだ聖人ではありません。たかだか〔小乗の〕四果を得た阿羅漢に過ぎません。法琳道人こそ聖人です」と言った。律師は、「見ての通り、戒を破ってばかりの奴が、聖人であるなど、あり得ない」と言った。王子は、「あの菩薩法師の境地は、師には測り知ることができますまい。ならばあの方にまた会うことがあれば、十分に接待を尽くしますように」と言った。そこで〔道宣〕律師は見方を改めた。

その後、法琳が酔っぱらい、突然律師のところにやって来て、律師の座具にどっかと坐り、床に嘔吐した。ものすごい臭穢にまみれたけれども、律師は嫌うことなく振る舞った。そのため〔法琳は〕造功徳銭（信者のお賽銭）を手に掴み、袖に入れてその場をすぐに離れると、その銭で酒と肉を買った。銭がなくなると再び銭を取ろうとした。すると律師は会うなりすぐに銭を与えた。

その後、唐の高祖（李淵、在位六一八～六二六）が道教の道士の言を聞き容れて、仏教を排斥しようとした時、法琳は諸道士と論争し、道士は〔負けて〕恥じ平服した。さらにまた高祖の尊顔を拝して、頑なに仏教と論争したけれども、仏法が尊厳を保てたのは〔法〕琳の功績なのであった。仏教の経典〔を保ち〕法を護った菩薩、それは〔法〕琳その人であった。〈この話は『感通記』に基づく〉。

（『太平広記』巻九十一）

道宣は、『四分律（しぶんりつ）』の注解書『四分律行事鈔（しぶんりつぎょうじしょう）』を撰したことで知られる律師（りっし）（律の専門家）であり、いわば厳格な戒律を守る僧の鏡、象徴的な存在であった。それに対して法琳は、僧であるにもかかわらず、酒を飲み、汚物を吐き、妻子を持ち、人の銭にまで手をつけたが、戒律を守っているかどうかという次元では評価できぬ別の面をもっていた。法琳は当時盛んに行われた仏教と道教の論争で仏教を優勢に導き、道教を論破したため、「護法菩薩——細々とした戒を守るのでなく、仏法そのものを守護した偉大な菩薩」として崇められた。戒律を厳守する道宣をまだ不十分な境地と低く扱い、破戒の限りを尽くしても仏教を道教から守った法琳こそが真の英雄であり、菩薩である、とするこの逸話は、酒を飲むか飲まぬかより、もっと大切なことが大乗仏教にはあるのだと主張しようとしているかのように見える。この点で、後代の中国禅の戒律観や大乗観と相通じるところをもつ早期の逸話として、注目すべき内容ではないだろうか。

三、菜食とその理由

東アジア漢字文化圏の仏教は、食べてよい品目がインドと異なる。インドの初期仏教と部派仏教では菜食主義ではなく、肉を食することも認められた。ただ肉の中でも「三種の不浄肉（ふじょうにく）」があるので、それだけは避けるべしと定めた。それは、供養を受けるべき者（例えばある一人の僧）に布施するためにわざわざ殺したことを甲が目撃した肉、布施するためにわざわざ殺したと甲が聞いた肉、この二つの疑いを払拭できない肉という三種の汚れた肉である。つまり、自分に布施するために殺した肉を食すことは、その動物を自分が殺させたのと同じとみなし、無駄な殺生を避けるため、その肉を受けとるのを禁じた。同じ事を裏返して言えば、わざわざ自分のために殺したのを見たり、聞いたり、その疑いがあったりするのでなければ、信者から供養された肉は、食しても構わなかった。これを「三種の浄肉（「三種の不浄肉」以外のすべての肉）」と言う。

釈迦も食肉を避けていたわけではなかった。例えば釈尊が死去したきっかけとなった食事供養の場合、そこで供養された食べ物は「スーカラ・マッダヴァ *sūkara-maddava*」という名前で呼ばれた。それを信者からの布施として釈迦は受け取り、食した結果、体調を崩し、涅槃を迎えるに至った。この「スーカラ・マッダヴァ」が何であったかは、諸注釈に説明の違いがあり、確実には同定できないらしい。キノコである、豚肉である、さらに別のものであるなど諸解釈があり、いまだに確定していないようである。しかし豚肉であるとする注釈もあるということは、初期仏教の時代に出家者が豚肉を食すること自体は、特に問題なく認められていたし、実際、布施されれば食べていたであろうことを含意する。

初期仏教と部派仏教では、「三種の不浄肉」を禁じたが、それ以外なら肉でも食してよかった。例えば昨日作った肉料理の残飯を托鉢時に布施されたなら、それを食べても問題なかった。ではその応用として、現代において、例えばスーパーや肉屋で手に入れた肉を布施されたとしたらどうだろう。それを食べたら僧は戒律違反となるか。答えは否である。スーパーマーケットで売っている肉は、わざわざその僧のために殺したのでないから三種の不浄肉に該当しない。それ故、食べても特に何も問題はないと解釈できよう。

その後インド大乗仏教が興起して少し経った頃、大乗は食肉を禁ずるようになった。これについては第一章第四節の二に述べるつもりである。

第五節　夢告げ

仏教の経典や説話は夢を題材とするものが多い。ただ、仏教のみの特徴と言うより、インド文化全体に当てはまる傾向である。現代語に「正夢」という言葉がある。夢に見たことが後に現実となる予知夢である。インドのサンスクリット語でも「サティヤ・スヴァプナ *satyasvapna*（真実の夢）」という正夢に当たる語がある。迷いと悟りとを夢の状態と覚醒状態とで喩えることは、改めて例を挙げるまでもなく広くインド思想に見られる。仏教において釈迦牟尼を「ブッダ」すなわち「目覚めた者」と言うのも同類の表現である。インド以外の文化にも夢の喩えは多い。中国の古典にも多く、例えば道家の書『荘子』斉物論篇に「胡蝶の夢」の喩えが出るのはその典型である。

しばしば夢ははかないもの、実体なき虚しいものを喩える。しかしそれだけではない。我が国鎌倉時代の京都栂尾高山寺の明恵（一一七三～一二三二）は、約四十年にわたる自らの夢を『夢記』に記録した。それ以前にも、仏教ではないが、道教の道士、梁の陶弘景（四五六～五三六）は仙界への遷化を願って『周氏冥通記』を著した。さらに陶弘景は、道教と共に仏教も信仰し、夢に仏が現れ、授記（必ず将来悟るであろうという預言）と、勝力菩薩という菩薩名とを仏から直々に授かった。そしてそれを期に、実際に菩薩戒を受戒した（『梁書』陶弘景伝）。このほかにも、夢の中に仏や観音その他の菩薩が現れた記録は夥しい。

とりわけ仏教関係の夢は、単に夢で終わらず、目覚めた後、現実の行動を生むきっかけとなる場合がある。現代人は、夢を、自らの勝手な心象風景や目覚めていた時の経験に由来する影響の類いと捉え、夢に格段の価値を置かないのが普通である。しかし前近代の仏教ではしばしば、夢に仏が現れるのは仏の意思を示すと理解した。仏の現れが単なる妄想なら無意味であるけれども、仏が自らに眼をかけて現れ出てきたとすれば、自らと仏の接点として、夢の経験は、極めて重く現実味ある宗教体験となる。右に触れた陶弘景の場合、夢に仏が現れて自らを菩薩と認めてくれたのをきっかけに、目覚めた後、彼は寺を訪れ菩薩にふさわしい戒を受けることを実行した。このことから分かるように、夢の経験は、将来の行動を引き起こす原因となることがあった。

さらに梁の慧皎撰『高僧伝』を始めとする僧伝の類いを繙くと、夢の体験は通常の覚醒状態で経験可能な事柄と非日常的な不思議な世界ないし普段なら目にすることができない仏や菩薩と自らを橋渡しする役割を果たす事例が多いのにも気付く。具体的には、優秀な子を授かる時に見る吉祥な夢、直後に起こることを先取りして知らせる夢、既に行った行為の誤りを知らせ、態度を改めることを促す夢などがある。

また、僧伝には、夢が本人の欲求や妄想の類いでなく、宗教的神秘体験として扱われる事例も多い。本書に後述する内容を一部先取りするような紹介となってしまうのを恐れるが、例えば、中国において大乗の菩薩に特有の「菩薩戒」を受戒したいと希望した道進（一名は法進）は、インド人の師僧であった曇無讖から、受戒の条件として、徹底した懺悔――自らこれまでに犯した罪過をすべて告白し今後同じ過ちを犯さないことを誓う儀礼――をせよと命じられ、結局、夢の中に現れた仏から戒を授かるという形で、受戒を実現したと記されている（『高僧伝』巻二の曇無讖伝。大正新脩大蔵経第五十巻・三三六頁下段～三三七頁上段。和訳と注として吉川・船山二〇〇九a・二二六～二二八頁、参照）。

また、『高僧伝』巻十三の僧弁伝に収める記事によれば、南斉の武帝の次子であった竟陵王蕭子良（四六〇～四九四）は、ある時、梵唄と呼ばれる経典歌詠法を夢の中で感得したのをきっかけに、新しい梵唄を定め、世に弘めたという。その箇所の現代語訳は次の通りである。

> 永明七年（四八九）二月十九日、司徒の竟陵文宣王は仏前で『維摩経』の一スタンザを諷誦する夢を見、声を発すると同時に夢から覚めた。ただちに起き上がって仏堂に出かけ、再び夢の中でのやり方と同様にあらためて『古維摩経』の一スタンザを諷誦した。すると声調はなめらかで、普段よりもうまい気分がした。翌朝、さっそく都の美声の沙門の龍光寺の普智、新安寺の道興、多宝寺の慧忍、天保寺の超勝ならびに僧弁たちを屋敷に集めて発声させた。僧弁は『古維摩経』の一スタンザと『瑞応経』の七言偈の一スタンザを伝え、それらはとりわけ名人芸の傑作であった。
>
> （吉川・船山二〇一〇b・三四一～三四二頁より引用）

「一スタンザ」と訳された原語は「一契」であり、梵唄を歌い上げる際の一区切り分、ひとまとまりのメロディーを指す単位を言う。この逸話もまた、夢の中の宗教体験が、目覚めた後の行動を導く原因となったことを示す逸話である。このように、夢には現実を変える不思議な力があり、夢の中で仏や菩薩と接することは、覚醒時に神秘的体験をするのと同列に扱われた。夢告げには、かくも重要な意味合いが込められていたのである。

第六節　対話する仏教

この序ではまず体を動かして営む行為に目を向け、そこから仏教で行為と言う場合は身体的行為・言語的行為・意志的行為の三種があり、第三の心の動きを重視したことを述べた。序の終わりに言語的行為を改めて取り上げ、仏教における対話・発話の役割を略説する。

釈尊の生前及び釈尊の教えを引き継いだ直弟子が活発に布教を行った初期仏教の時代、経典（スートラ）は仏が口で語ったものであり、聴衆はそれを耳で聞いて理解し、身につけた。クシナガルの沙羅双樹の森で釈迦が入滅した後、弟子たちは各々が聞いて学得した教えが散逸しないようにするため、最も長いあいだ釈迦の身辺に仕え、教えを最も多く聴聞した阿難（あなん）（アーナンダ）に、あるいは一部は他の比丘にも、経典を再び唱えさせ、その内容に誤りがないことを皆で確認し、彼らが聞いた仏説すべてを整理し、共有した。これを仏典の「結集（けつじゅう）」と言う。サンスクリット語で「サンギーティ *samgīti*（「皆で誦える」の意)」と言い表す。仏典を残し、次世代に伝える行為は耳で聞き、それを口で再び再生する行為なのであった。――このように第一に、仏教における言語的行為の意義づけは、まず結集に認めることができる。経典の文章を手で書写するようになった時代は釈迦が入滅して数世紀を経た後であるから、写経を重く見るのはずっと後の時代になってからであった。

釈迦が口で語った教えを「経(きょう)」(スートラ)と言うが、様々な経のうち大半は仏と弟子が対話する形式をとる。一つの経典において仏と対話する弟子は特定のただ一人であることも多いが、長い経典の場合は、対話する相手が弟子甲から弟子乙へ、そして弟子丙へと変わってゆく場合もある。いずれの場合にも、仏(釈迦)が一人の弟子の名を呼びかけながらその弟子に語りかけた内容を、他の多くの者たちが聴聞したという形態で経典は語られるのが常である。つまり仏教の中核である経典は仏と仏弟子が対話し、対話を通じて弟子を悟らせるという形をとった。――これが仏教において言語的行為が重要な第二の意義である。対話を通じてものの見方や考え方を養う手法は、釈迦の行動に限られない。ほとんど同じ頃、西のかたギリシャではソクラテスが世に現れ、対話を通じて哲学を展開した。ソクラテスと釈迦における対話の思想史的意義には共通点が少なくないものと考えられる。

仏教の文献には経(スートラ *sūtra* 仏の説法)のほか、「律」(ヴィナヤ *vinaya* 出家教団の生活規則)と「論」(シャーストラ *śāstra* 後代の仏教徒が仏説を整理した論文。「論」は「アビダルマ」とも「論書」とも言う)とがあり、これら三種の総体を「三蔵(さんぞう)」(トリピタカ *tripiṭaka*「三つの籠」の意)と言う。このうち「律」(ヴィナヤ)は仏が規定したものとして性格付けられ、基本的に「経」と同じく、仏の会話に価値を置く。――

因みに「三蔵」のことを、東アジア漢字文化圏の仏教では、「大蔵経（だいぞうきょう）」とか「一切経（いっさいきょう）」とも言う。仏教書を一括する叢書であるが、現在、世界で最も広く普通に用いる大蔵経は、日本で出版され、全文電子化されている『大正新脩大蔵経（たいしょうしんしゅうだいぞうきょう）』全百巻である。本書で大蔵経に収める仏書を引用する時は、原則として『大正新脩大蔵経』を用いる。

「論」（シャーストラ）はどうか。これは、先述の通り、釈迦の滅後に後の仏教徒が仏説の内容を自らの言葉で整理編纂した論文の類いである。論文であることと、思想的に複雑な理論を含むことから、「論」は、文字に書き残すことに価値を置き、会話より筆写を主眼とした。しかしながら、インドの「論」にある程度普遍的に共通する性格として、インドでは「論」を執筆する際にも、しばしば筆者のほかに対論者を想定し、対論を重ねる書式で論述する。対論者は現実に存在した同時代や過去の思想家である場合もあるけれども、ある論題について対論者が問い、筆者がそれに答えるという形式を表現するために、敢えて架空の対論者を立て、その考えを否定する形で筆者が自説を示す場合も多い。つまりわたくしの言わんとする点は、「論」は本来は必ずしも実際の対話や対論に基づかない場合もあるけれども、書式としては対論によって思想を展開するという形式を踏まえるのである。この点において、「論」もまた対話の意義と無縁ではない。——これが仏教文献における言語的行為の第三の意義である。

以上のように言語的行為には仏教特有の意義があるが、身体的行為にせよ、言語的発話行為にせよ、それらの行為の源泉には伝えたい内容が心の中にあり、伝えようとする意思が発せられることによって身体的・言語的行為は外に現れるのであるから、やはり最も重要なのは心の活動と言うことができよう。

最後にもう一つの意義として、同じことを三度繰り返して言う行為に関するインド特有の見方を紹介する。何か重要な案件があり、誤りなく手続きを踏む必要があるとしよう。そのような場合、インドでは三度繰り返して言うことを儀礼や公式の場で行うのである。もし当人が同じ事柄を三度繰り返して言えるなら、真実を述べているが、もし三度繰り返せないならば嘘を言っていると判断する。因みに仏教の漢語仏典では一つの論題に対して三度繰り返して発言する儀式を「白四羯磨」（びゃくしかつま、びゃくしこんま）と言う。

第一章　菩薩の修行

第一節　いけない行為

菩薩として生きるとは、大乗の理想を自ら実践すること。それは何をし、何をしないことか知るため、手始めに、してはいけない行為に関する決まりを漢語仏典に基づいて紹介する。

一、インド仏教の禁戒

まず、してはいけないことが何かは、インドの仏典に書かれていることは改めて言うまでもない。在家信者は五戒を守るべしと説かれ、生きものを殺すこと・ものを盗むこと（与えられていないものを取ること）・道に外れた性生活をすること・嘘をつくこと・酒を飲むことを禁ずる。また、在家に限らず、広い意味で、悪い行為に全部で十種あり（「十悪戒」。十悪業も同じ）、さらに細分すると、身体的な悪行として三種、言葉による悪行として四種、思考による悪行として三種――漢語で「身三（しんさん）・口四（くし）・意三（いさん）」と言う――があると定めている。出家者が教団内で共同生活を送るために定めた規則である『律』（ヴィナヤ）は、最も重い罪を「四波羅夷（しはらい）」とか「四重禁（しじゅうごん）」と言い、殺人（殺す対象は人間のみ）・盗み・淫行（すべての性行為）・大妄語（だいもうご）（悟っていないのに悟ったと言う宗教的な虚言）を指す。これらは様々な仏書における悪行の規定である。しかし悪にまみれて生きる凡夫から見れば、あまりにも模範的で、現実味に乏しい感じを抱くかも知れない。

直前に触れた『律』は、インドの初期仏教と部派仏教が定めた教団の生活規則である。してはいけない行為を極めて具体的かつ網羅的に取り上げ、それをしてしまった場合、教団としてどう対応すべきかを規定する規則集であり、罰則集でもある。しかも『律』は「随犯随制（ずいはんずいせい）――新たに違反が生じる度に規制を定めた」という言葉で説明されるように、実際に起きた行為をもとに、今後同じことが起こらないよう、その都度定められ、徐々に条数を増やしていった。現存する『律』には、インドのサンスクリット語で残るものも一部あるけれども完本はなく、パーリ語による上座部の『律』と、チベット語訳による根本説一切有部という部派の『律』と、漢訳による四種ないし五種の部派の『律』が残っている。それらを見ると、男性出家者である比丘の場合、『律』に定める規則の条数は二四〇程であり、女性出家者である比丘尼の場合、条数は三五〇程である。これを概数として示す時、中国その他の漢字文化圏の東アジア仏教では比丘二百五十戒、比丘尼五百戒と伝統的に言い表した。こうした多くの規則があるわけだが、それらのすべてが釈迦の生前に一時に制定されたわけではなく、あくまで「随犯随制」の形で規則の数を増やしていった。ところが『律』の原文を読んでみると、それぞれの戒条を犯し制定のきっかけを作った僧はすべて六群比丘という名のもとに形式化されてしまっている。六群比丘は、いつものあの悪い六人の比丘どもといった否定的ニュアンスの言い方であり、具体的にはナンダ、ウパナンダ、カーローダーイン、チャンダ、アシュヴァカ、プナルヴァスの六人である。部派仏教の『律』では戒律を制定する契機となった戒律違反行為をすべて六人に帰せしめるが、史実としては到底認めがたい。

二、中国らしさ？

これに対して、中国で編纂された戒律書には、具体的かつ現実的な戒律違反を取り上げて論ずるものがある。さすが「歴史の国」ならではの記録癖の徹底ぶりである。

今ここで特に紹介したいのは、五世紀前半に長江（揚子江）中流域の荊州（現在の湖北省荊州市江陵）の一寺において、卑摩羅叉（ヴィマラアクシャ Vimalākṣa 約三三八～四一四頃）というインドの律師が行った『律』の講義筆記録である。後にそれは講義録から経典に体裁を変え、『目連問戒律中五百軽重事経』の名で伝わるが、この講義は古い時代には『五百問事』と呼ばれた。それは荊州の中国僧が問い、卑摩羅叉が専門家の立場から答えるという形で進められた戒律問答であった。その中にはいかにも中国的リアリズムとでも言うべき、懐にいきなり入り込むような露骨な質問がある。その典型的な事例を六つ、順不同に現代語訳で示しておこう。

問い。誰かが仏像を作り、鼻に孔を開けなかったら、誰かが後で孔を開けてよいか。

答え。ならぬ。

問い。比丘が仏像を売り払ったら、何の罪になるか。

答え。罪は父母を売るのと同じ。

問い。経本の上で何か食べたら、何の罪になるか。

答え。慢心からわざとしたなら決断（けつだん）の罪（一週間の謹慎処分。教団追放に次ぐ大罪）となる。慢心がなければ堕罪（だ）（一人～三人の僧の前で懺悔すべき罪）である。

問い。比丘が漆器を所持すると、どのような違反になるか。

答え。漆器や木製の器を〔食器として〕使ってはならぬ。使えば堕罪となる。

問い。師匠や弟子、父母、兄弟が死んだら、哭泣（＝大声で泣き叫ぶこと）をしてよいか。

答え。ならぬ。一度でも声を上げたら堕罪となる。少し涙を流すだけならよし。

問い。比丘や比丘尼が修行に精進しない時、還俗（げんぞく）せよと勧めてよいか。

答え。それは筋が通らぬ。


（大正新脩大蔵経第二十四巻『目連問戒律中五百軽重事経』原文の現代語訳）

ほかにも目を見張る珍しい問答があるが、ひとまずここで止めておこう。この文献に現れる問いは、漢訳された『律』の内容に基づき、そこからは明確に分かりにくい点を質す場合がほとんどである。そしていずれの問いも出家者が知りたいと真剣に訊ねた内容ばかりである。それ故、右に紹介した六項も決して軽い気持ちで問うているのではない。出家生活を正しく営むのに必要な情報を問うている。例えば、第四の漆器に関する問いは中国ならではであり、インド語の『ヴィナヤ』には見られない。『ヴィナヤ』は僧の所持する食器は石製か鉄製の鉢と定める。漆器はインドに存在しないから、この問いは中国その他の東アジア文化圏ならではの特色を反映している。

　また、この問答は大乗仏教の菩薩の規則でなく、部派仏教の『律』の規則として書かれている。具体的には薩婆多部《さつばたぶ》（説一切有部《せついっさいうぶ》）という部派の『十誦律《じゅうじゅりつ》』に基づく中国的応用問題のような内容に関する問答である。問いを発するのはすべて荊州在住の僧であるから、漢人僧に違いない。それに対してインド僧のヴィマラアクシャが律専門家の立場から答えている。中国とインドの文化的違いに基づく興味の違いも反映されているように思われ、その意味でも興味深い。例えば仏像を売る罪を論ずるインド語の『ヴィナヤ』をわたくしは知らない。恐らくは中国的現実、つまり中国には仏像を売って金を得る出家者がいた事実、を想定してもおかしくない内容である。さらに、仏像のみならず、お経を売った出家者もいたことを示唆する資料もある。経を売ることの是非については、右の問答の数十年後に中国で偽作された『梵網経』という大乗経典にも出るので、中国色が濃厚となった菩薩行の規則として『梵網経』の一節を以下に紹介する。

仏の子供として〔修行する菩薩〕は、仏の涅槃後の悪世に、異教徒やすべての悪人や劫盗らが、仏像や菩薩像、父母の像を売りさばき、経や律を売り、比丘や比丘尼を売り、菩提心を発した菩薩である修行者をも売りさばき、〔その結果〕彼らが官僚の手下として使われ、一切の人々のために男奴隷・女奴隷とされるのを見ることもあろう。しかるに菩薩はこうしたことを見てしまったら、慈しみの心で手立てを講じて〔苦しむ者たちを〕救済し保護し、どこにいても教化を行い、何か物を手に入れて〔それによって〕仏像や菩薩像、比丘や比丘尼、一切の経や律を贖うべきである。

（『梵網経』第三十一軽戒の最古形原文から現代語訳。船山二〇一七・一八〇頁、三〇八頁、参照）

ここでは仏像・菩薩像・父母像・経・律などを売るのは悪人たちの行為であって、菩薩の行為であるとされているわけではないが、こうしたものを売るのを問題とすること自体、中国らしさを感じる。

第二節　菩薩戒——大乗を実践する土台

一、大乗の生活理念

ある者が仏教徒としてなすべきことと、なすべきでないことを区別して実生活をする時、行為の規範は何かと言えば、それは声聞乗（いわゆる小乗）の場合、在家ならば不殺生・不偸盗・不邪婬・不妄語・不飲酒の五戒（*pañcaśīla* 五つの生活習慣）であり、出家者ならば具足戒（*upasampadā*〔教団に入門する条件の〕完備）である。具足戒とは『律』（ヴィナヤ）に規定される比丘戒と比丘尼戒である。以上は部派仏教の段階で既に定められた規則であった。では、大乗ならではの生活規則は何か。ある者が大乗仏教を信じ、経典に説かれる通りに自らも菩薩として生きようと決心した場合、何を行為の規範とすべきか。その答えが菩薩戒、すなわち菩薩として生きる上で守るべき生活規則である。

菩薩戒は大乗戒と言い換えることもできる。部派の規則と顕著に異なるのは「利他行」の重視である。先述の通り、利他行とは他者の為にすべき行為、他者を益する行為である。大乗の菩薩として生きようとする時、「自利――自らの向上のために自らを戒める」と同時に「利他――他者の為になるよう他者を思い遣る」ことが肝要となる。

二、中国初の菩薩戒受戒者

では菩薩戒とは具体的にはどのようなものか。声聞乗の場合と比べていかなる特徴があるか。これについて、菩薩戒とはいかなるものかをまず大まかに知る手がかりとして、中国に菩薩戒が史上始めて導入された時の状況を述べる資料を紹介する。キーワードとなるのは曇無讖というインド僧の活動である。

元始元年（四一二）、インド人僧侶の曇無讖（三八五～四三三）が沮渠蒙遜（在位四〇一～四三三）の治める北涼国（五胡十六国と総称される諸国の一つ）に内陸アジア諸国を経由して到来し、都の姑臧（現在の甘粛省武威）において大乗の経典や論書を新たに次々と翻訳し始めた。

彼がもたらした経典の種類は、直前の時代に後秦国の長安で活動した鳩摩羅什（クマーラジーヴァ

Kumārajīva、約三五〇～四〇九頃）の訳した経典とは相当に異なる性格をもつ、より新しい大乗思想を含む文献だった。曇無讖訳の代表は『大般涅槃経』であるが、大乗の生活規則という点でさらに重要なのは、菩薩戒を説き示す『菩薩地持経』である。

因みに鳩摩羅什は、一切は空であるという思想を唱えたナーガールジュナ／ナーガアルジュナ（Nāgārjuna 漢訳名は龍樹、約一五〇～二五〇頃）を祖師とする、大乗の中観派に繋がる諸経典をもたらし、それらをわずか十年足らずのあいだに漢訳した。しかし鳩摩羅什は、菩薩戒というさらに新しい教説（『菩薩地持経』）を知る環境にはいなかった。また曇無讖のもたらした如来蔵の教え（『大般涅槃経』）も、鳩摩羅什訳には見られない、大乗の新展開を示すものだった。鳩摩羅什の伝は、梁の慧皎撰『高僧伝』巻二にある。その和訳は吉川・船山（二〇〇九a・一四一頁以下）をご覧いただきたい。話題豊富な興味深い伝記である。

中国において菩薩戒を最初に授かった僧は、道進という名の、曇無讖の直弟子であった。その受戒の様子は、『高僧伝』の曇無讖伝に記されている。また一方で、道進は『高僧伝』巻十二に立伝される法進（四四四年に高昌〈現在の新疆ウイグル自治区吐魯番＝トゥルファン地方〉にて逝去）と同人と考えられる。

まず手始めに、『高僧伝』巻二の曇無讖伝に収める道進の受戒を、細かく段落に区切りながら、現代語訳で紹介しよう。

曇無讖が姑臧にいた時、張掖出身の沙門（＝僧）の道進がいて、曇無讖から菩薩戒を受けたいと思った。

曇無讖は、「まずは過去の罪過を悔い改めるように」と言った。

そこで道進は七日七夜にわたって誠心誠意を尽くして〈懺悔（さんげ）の儀を行い〉、八日目、曇無讖のもとに行き、受戒を求めた。すると曇無讖は突然怒鳴りつけた。道進はあらためて、我が悪業の障害がまだ尽きていないからなのだろうと思った。

そこで三年の長きにわたって禅定（ぜんじょう）（瞑想）と懺悔とに励んだところ、禅定している中に釈迦牟尼仏が諸菩薩大士と共に戒法を〈自らに〉授けてくれる様を目の当たりにした。

その晩、一緒に生活していた十余人が皆、道進が見たのと同じ様子を、夢の中で体験した。

道進はこのことを曇無讖に告げようと参上した。すると数十歩（一歩は一・五メートル弱）ほど手前までやってきたところで、曇無讖が驚いて言った、「ああ素晴らしい、ああ素晴らしい、おまえは既に菩薩戒を感得しているではないか。私があらためて受戒の証人となってやろう」。

そして曇無讖は彼のために順序通りに仏像の前で戒の具体的諸項目を説明してやった。

（大正新脩大蔵経第五十巻・三三六頁下段）


これが正確にいつの出来事だったかは明記されていないが、曇無讖が姑臧に没した四三三年より以前なのは確かであろう。この逸話は幾つかの点で興味深い。菩薩戒の特徴から特に三点に着目すべきである。

（1）まず懺悔することが必要　師匠の曇無讖は菩薩戒の受戒に必要不可欠な条件として、道進に懺悔の徹底を要求した。訳文の「過去の罪過を悔い改める」に当たる語は、原文では「悔過（けか）」であり、「悔過」と「懺悔」は同義であることが既に考証されている。いずれも罪業を他者の前に洗いざらい告白し、既犯の罪を滅して心を清浄にすることを意味する。右の記事には、道進は懺悔と禅定に三年を費やしたとある。ただ、受戒にはいつもこれだけの年月を必ず要するわけではない。期間の長短はさておき、菩薩戒を受けるには、相当期間、まず徹底した懺悔を行い、自らの心を清らかにすることが求められる点が肝要である。

懺悔は、罪や悪業を告白し、悔い改めることを意味する。これにより罪や悪業の浄化と消滅を図る。サンスクリット語の「アーパッティ・プラティデーシャナー *āpatti-pratideśanā/deśanā*」ないし「アーパッティ・デーシャナー」に対応する。なおこのサンスクリット語は「〈他者に罪過を〉告白する・明示する」を意味し、「発露」と漢訳することもあるが、「悔いる」の意味を特に示す語ではない。

大別すると懺悔には二種ある。僧に対面して懺悔する場合（対人懺悔）と、見えない仏や菩薩に向かって語りかけて懺悔する場合とである。

前者は諸部派の『律』に頻繁に見られ、僧に対する懺悔は「布薩（ふさつ）」とよばれる半月（十五日）ごとに行う僧の集会において行われた。これは僧が罪を犯した時の対処法として、教団の運営や維持に必要不可欠であった。

他方、仏や菩薩に向かって行う懺悔は、罪を浄化することによって見仏や成仏などの宗教体験に至るために必須の項目として、大乗経典に頻出する。実際は仏像や菩薩像の前で行う場合が多いが、語りかけの相手である仏や菩薩は、当然の事ながら、我々の目に見えない。見えない相手に向かって言葉を発する形で懺悔するのである。

仏や菩薩に懺悔する理由は、罪によって汚れた自らの心を清めるためである。例えば鏡が泥や汚れで掩われたら、鏡に写しても自らの顔は見えない。そこで泥や汚れをすっかり落として鏡を磨き上げ、そこに自らを映し出せば、はっきりと自らの顔が現れ、見えるようになる。懺悔もこれと同じである。鏡は自らの心の喩えである。泥や汚れは自らが過去に犯した罪過の喩えである。清らかな鏡のように、心の汚れがなくなれば、仏は自ずと現れるし、逆に心が汚れていれば、仏は存在しても心に現れない、心の汚れた人には見えないというわけである。このような意味で懺悔によって心を清めることが見仏体験などの宗教体験をするには必須の条件であると、大乗仏教では考え、懺悔をすべしと、その必要性を説くのである。

仏に向かって行う懺悔は、典型的には、十方諸仏に対する無限の太古から積み重ねてきた一切の罪業の懺悔（悔過）という形で実施される。これは中国で遅くとも西晋時代（二六五～三一六）には知られており、次章で後述する八関斎などの種々の斎会（仏教儀礼）で実践されていた。しかしさらに五世紀前半に菩薩戒が中国に導入されると、その時から中国大乗教徒は、懺悔を益々盛んに、熱心に実践するようになった。六朝時代、南斉・梁・陳の皇帝貴族たちは特定の経典に基づく懺文も制作し、その流れは隋の時代に継承され、隋の智顗は懺法（懺悔の儀礼、懺悔法）を重視し、『法華経』に基づく法華懺法や『大方等陀羅尼経』に基づく方等懺法などを実践した。

（2）菩薩戒は仏から授かる　道進は瞑想の中で釈迦牟尼から直々に戒を授かった。道進は当初、師匠の曇無讖に受戒を求めたが、結局は曇無讖からではなく、釈迦牟尼仏から戒を与えられたわけである。戒を授ける主体が仏であることは、菩薩戒の特徴の一つである。というのも、一般に、声聞乗における通常の受戒儀礼の場合は、戒は比丘から授けられるのが原則であり、このように他の修行者を介して戒を受ける方法は従他受戒（他従り戒を受く）と通称される。この受戒法は、いわゆる師資相承の系譜を遡ると、釈迦牟尼仏にまで連綿と繋がる点が重要である。間接的にではあるが、釈迦牟尼仏の制定した戒律を代々受け継ぐという性格がある。一方、菩薩戒においては、瞑想や夢の中に釈迦牟尼仏や他の仏や菩薩が現れ、その仏や菩薩から直接に戒を授かるという場合もある。この受戒は、仏や菩薩に菩薩の誓願を自ら表明することによって実現するため、しばしば自誓受戒（自誓して／自ら誓いて戒を受く）と呼ばれる。実際、道進の受戒を中国における菩薩戒の嚆矢とみなす唐の道世撰『法苑珠林』巻八十九は、道進の受戒を「自誓して受」けたものと規定している（大正新脩大蔵経第五十三巻・九三九頁上段）。

自誓に当たっては、見仏すなわち仏の応現を目の当たりにすることが必要とされ、そのために懺悔を徹底することが力説される。懺悔によって自らの悪業の効力が弱化ないし無化され、それによって、修行者の心は汚れを離れて清浄となる。そして仏菩薩の応現を阻んでいた汚れがなくなることによって、仏や菩薩の応現が可能となり、そして仏菩薩に見えるという宗教的経験を通じて、それらの仏や菩薩から直々に受戒の認証を得ることが可能になる、という構造となっている。

（3）菩薩戒の条文を一覧する　道進の受戒は最終的に師匠の曇無讖に認定され、曇無讖は戒の具体的項目（原文は「戒相」）を説き示したと記されている。これは、何らかのテキストに基づいて、菩薩戒の内容を逐一具体的に確認したことを示唆する。

三、菩薩戒を説くインドの仏典

大乗仏教は初期の段階から生活理念を掲げ、それを守るべきことを説いた。初期大乗経典に示された生活理念は「十善」と「戒波羅蜜」の二つである。

「十善」は「十善戒」とも言い、三種の行為という視点から「身三・口四・意三」に分かれる。身体的行為としての三種の善行と、言語的行為としての四種の善行、心的行為としての三種の善行とである。これらを鳩摩羅什訳『小品般若波羅蜜経』阿惟越致相品の漢訳で示すと、

不殺生・不偸盗・不邪婬〈以上「身三」〉
不妄語・不両舌・不悪口・不無益語（＝不綺語）〈以上「口四」〉
不貪嫉（＝不貪欲＝無貪）・不瞋悩（＝不瞋恚＝無瞋）・不邪見（＝正見）〈以上「意三」〉

である（大正新脩大蔵経第八巻・五六四頁上段）。このような大乗の十善は、大乗のみに特有の考えではなく、大乗以前の部派における「十善業道」という説の流れを汲む。

「戒波羅蜜」は、六波羅蜜の一つである。戒波羅蜜は、漢訳で「尸波羅蜜」とも「尸羅波羅蜜」とも

音写し、サンスクリット語のシーラ・パーラミター *sīlapāramitā*「完全なる戒（生活習慣）の完成」に対応する。六波羅蜜は、よく知られている通り、布施波羅蜜・戒波羅蜜・忍辱波羅蜜・精進波羅蜜・禅波羅蜜・般若波羅蜜／智波羅蜜の六である。戒波羅蜜はその第二である。「戒」は漢語では「戒め」と訓ずる通り、禁止を含意する。しかしサンスクリット原語の「シーラ *sīla*」は「生活習慣・習性・常態化した行い」を意味し、語それ自体には特に「〜すべからず」のような禁止の意味合いは含まれない。これは大乗の戒は禁止事項か、それとも何かそれ以上の意味を含むのかという点と絡むので、第三節で再説する。他方、「波羅蜜（密）」は「波羅蜜（密）多」とも言い、サンスクリット原語「パーラミター *pāramitā*」の音写語（音訳）である。音写語とは、ちょうど現代日本語で外国語に近い音をカタカナで表記するのと同様に、インドの言葉の音価を示すのみであって、「波」「羅」「蜜（密）」「多」それぞれの字の意味とは関係ない。つまり「なみ」「あみ」「甘いみつ（ひそか）」「おおい」という意味はまったく無関係である。

では、サンスクリット語「パーラミター」はどんな意味かというと、これには文法学に則った正式の解釈（文法的に正しく説明できる意味、辞書的意味）と、文法的には正しくないが民間で広く支持された解釈（通俗的な意味）の二つがあることがよく知られている。すなわち「パーラミター」は、文法学的に正しい解釈としては、「完成」「完全な状態」（英語の perfection に相当）を意味する。他方、文法的には間違っているが俗受けする解釈としては、「到彼岸」（我々のいる迷いの岸辺でなく、大河を渡った対岸である悟りの境地に到達すること）を意味する。第二の俗的解釈は通俗的語義解釈（サンスクリット語 *nirukti*/*nirukta*

/nirvana 英語 folk etymology 民間語源）とも言う。現代人が想像する以上に普及し、経典に注釈を施したインド僧たちも、様々の仏教語を通俗的語義解釈で解説することが多い。インドのサンスクリット語文法家は通俗的語義解釈を毛嫌いするが、仏典においては、相当高い学識を有する僧であっても、通俗的語義解釈を許容する傾向がある。例えば、唐の玄奘さえ、「波羅蜜多」の意味は「到彼岸」であると記している程である。

以上に述べた「十善」と「戒波羅蜜」はまったく無関係というわけではない。確かに両語の文脈は異なるけれども、比較的早期の大乗経典において、戒波羅蜜とは十善であると説明されることがある。

こうした流れを承けて大乗仏教の思想はさらに発達していった。その過程において、大乗には中観派と瑜伽行派という二大学派が順に世に現れ、それぞれ諸々の論書を著して大乗思想を緻密に分析し、理論の体系化を進めた。やや後の時代になると、中観派は自派の歴史を振り返り、自らを中観派と名乗り、その開祖をナーガールジュナ（龍樹）であるとした。次いで世に現れた瑜伽行派は自派の開祖をマイトレーヤ（Maitreya 弥勒）であるとした。そしてマイトレーヤの主著『瑜伽師地論』（サンスクリット語の原題は『ヨーガアーチャーラ・ブフーミ』）を瑜伽行派の根本典籍として重視した。

菩薩戒に関する教説は、『瑜伽師地論』の中核の一つである「菩薩地」（原題は「ボーディ・サットヴァ・ブフーミ *Bodhisattvabhūmi*」）という章に現れる。「菩薩地」には六波羅蜜が説かれる。その中の戒波羅蜜を解説する「戒品」という章に菩薩戒の教説が示され、そこにおいて菩薩戒を構成する各要素は何か、どのように受戒するか、菩薩戒の戒条の一覧はどのようなものかなどが詳しく明記されている。

「菩薩地」はサンスクリット語原典として現存し、チベット語訳もある。サンスクリット語原典として次の二種が出版されている。チベット語訳の書誌情報は割愛するが、本書でこのサンスクリット語原典に言及する際は、以下それぞれWとDの略号で示すものとする。

略号W：Wogihara Unrai［荻原雲来］(ed.), *Abhisamayālaṃkār'ālokā Prajñāpāramitāvyākhyā. The Work of Haribhadra*, Tokyo : Toyo Bunko, 1932.

略号D：Dutt, Nalinaksha, (ed.), *Bodhisattvabhūmiḥ : Being the XVth section of Asaṅgapāda's Yogācāra-bhūmiḥ*, Patna, 1978.

また、「菩薩地」には以下の三種の漢訳が現存する。

第一訳　北涼（ほくりょう）の曇無讖（どんむしん）（三八五～四三三）訳『菩薩地持経（ぼさつじじきょう）』十巻……………………漢訳年未詳

第二訳　南朝宋（そう）の求那跋摩（ぐなばつま）（グナヴァルマン、三六七～四三一）訳『菩薩善戒経（ぼさつぜんかいきょう）』十巻…四三一年訳

第三訳　唐の玄奘（げんじょう）（六六四卒）訳「菩薩地」（『瑜伽師地論』巻三十五～巻五十）……………六四八年訳

この「菩薩地」に基づき、インドには後代に瑜伽行派のみならず中観派にも菩薩戒説は受容され、学派を問わず大乗仏教徒のあいだで広く普及するようになった。

菩薩戒を説き示す根本仏典「菩薩地」の文献的な基礎情報は以上の通りである。

四、三つの支柱

次に、「菩薩地」の内容から、菩薩戒に関する基本事項を説明しよう。「菩薩地」戒品によれば、菩薩の行うべき戒波羅蜜は九種の観点から説明されるという。『菩薩地持経』巻四・戒品の用語によって示すならば、九種とは自性戒・一切戒・難戒・一切門戒・善人戒・一切行戒・除悩戒・此世他世楽戒・清浄戒である。このうち菩薩戒は、サンスクリット語で「菩薩の戒（*bodhisattvaśīla*）」「菩薩たちにとっての戒（*bodhisattvānāṃ śīlam*）」「菩薩の戒という制御力（*bodhisattvaśīlasaṃvara*）」などと表記され、九種の第二「一切戒」に含まれる。そして一切戒には出家者と在家者の二種の一切戒があり、内容的には三つの構成要素から成るということを、サンスクリット語原典は次のように説く。

> そのうちでいかなるものが菩薩の一切戒か。要約すれば、菩薩には在家の立場にあるものと出家の立場にあるものとがあり、一切戒と言われる。さらにその在家の立場に立つ戒と出家の立場に立つ戒は、要約すれば三種である。（悪を）防止する戒（*saṃvaraśīla*）、善い事柄を総括する戒（*kuśaladharmasaṃgrāhakaśīla*）、衆生（生きもの）にとって有益なことを行う戒（*sattvārthakriyāśīla*）である。（W 138, 18–23. D 96, 6–9）

ここに示された三要素は、「三聚戒」（*trividha śīlaskandha*「三種の戒の根幹」の意）や「三聚浄戒」と総称される。三種の一々について右の訳文ではあえて直訳を示したが、漢訳表現によるならば、曇無讖訳『菩薩地持経』では律儀戒・摂善法戒（善法を総括する戒）・摂衆生戒（衆生〔のためになる／役に立つ戒）に当たる。玄奘訳は第一、第二は同じであり、第三を饒益有情戒（有情＝衆生を利益する戒）と表記する。サンスクリット語との近接性という点では、曇無讖訳より玄奘訳「饒益有情戒」の方が正確である。

図2　菩薩戒の三つの支柱（三聚戒）

菩薩戒 ← 一、律儀戒
菩薩戒 ← 二、摂善法戒
菩薩戒 ← 三、摂衆生戒（饒益有情戒）

菩薩戒とはこれら三要素の総体を指す（図2参照）。そして菩薩戒を受持するという点では出家者と在家者のあいだには何ら本質的区別はないというのが菩薩戒の考え方である。そして菩薩戒を受けた者は、出家在家、老若男女を問わず、菩薩を自任し、他者からも菩薩と認められる。

次に、大乗戒と通常の声聞戒の関係を見ておこう。三聚戒の第一要素である律儀戒とは何か。それは、比丘（正式の男性出家者）・比丘尼（正式の女性出家者）・沙弥（男性見習い僧）・沙弥尼（女性見習い僧）・式叉摩那（沙弥尼が比丘尼になる前の立場）・優婆塞（男性の在家信徒）・優婆夷（女性の在家信徒）の七衆（七種の構成員）が各自の立場で既に受持している戒であるとするのが、「菩薩地」戒品の教説である。すなわち菩薩戒を受けるためには、伝統的声聞乗における意味で既に仏教徒としてしかるべき相応の戒律を受けている必要があり、それを「律儀戒」と呼び、菩薩戒を構成する必須項目とする。このことは、菩薩戒が通常の戒律と矛盾なく、それを包摂することを示している。

第二要素である摂善法戒は、ありとあらゆる善い行いを積極的にすることを意味する。しかし、それが具体的に何種であるかを戒の条数として「菩薩地」は明示しない。なお、菩薩戒の成立以前より説かれていた大乗の戒である十善戒が菩薩戒といかなる関係にあるかを明言する書物は少ないが、求那跋摩訳『菩薩善戒経』は、身・口・意の十種の善法を受善法戒とすると明言する（大正新脩大蔵経第三十巻・九八二頁下段）。これによれば、十善戒とは直接には摂善法戒に収められると解釈できる。

しかしその一方で、サンスクリット語原典「菩薩地」においては、戒波羅蜜を九種の観点から解説し、その中の一切戒として菩薩戒が規定され、そして菩薩戒の三大支柱のうちの第二に摂善法戒があるという。菩薩戒という考え方が、それまで大乗の戒の代表であった十善よりもさらに拡大化し、発展していることをここに見てとることができる。

第三の摂衆生戒（＝玄奘訳「饒益有情戒」）は、原語は同じで、「衆生のためになる戒、衆生に役立つ戒」（*sattvārthakriyāśīla*）と言い、十一種が列挙される。その中には例えば衆生が困窮しているのを見たら、必要な物品を布施すべきことや、悪を犯した者がいたら、慈悲心から叱咤し改悛させてやるべきことなどが含まれる。しかし十一種すべてを列挙するとあまりに煩瑣になるので、詳細については今は割愛する。

以上のうち、「律儀戒」は通常戒そのものであるから、それはこれこれを行うべからずという否定的な表現をとる禁戒である。これに対し、「摂善法戒」と「摂衆生戒」は、それぞれ善行及び他者の為になることは積極的に行うべしという意味において、肯定的性格のものである。つまり菩薩戒とは、ただ単に悪を行わない（止悪）というだけに止まらず、積極的に善を行い（行善）、他者を救済する（利他）という菩薩行の理念に適合するものである。これこそが三聚戒である。それ故、菩薩戒には、具体的にはこれですべてであると逐一条目化することが本来的にはできない面がある。

五、受戒の儀式

菩薩戒の特徴としてさらに受戒法がある。菩薩戒の受戒作法は既に「菩薩地」に説かれているが、それだけでなく、中国では様々な受戒儀礼の書が編まれた。

菩薩戒の受戒作法は声聞乗における通常の受戒の場合と大きく異なる。例えば比丘の具足戒の場合、一人が受戒するためには、「三師七証」といわれる通り、最低でも十名の参与を要するが、菩薩戒にはこの規定はない。菩薩戒の受戒に従他受戒と自誓受戒という二つの方法があることは上述した通りであるが、従他受戒の場合、すなわち人間の戒師を介して受戒を果たす場合でも、受戒希望者と戒師がいれば、受戒は成立する。というのも、菩薩戒において戒師は智者（*vijña*〝知識のある者〟）と呼ばれ、儀礼を進めるために必要な知識を備えた進行役としての性格を有するが、戒を授けるのは実は戒師ではない。儀礼は仏像の前で行われ、戒を授けるのはあくまで仏であり、そして受戒の成立を見届ける証人（*sākṣin*）は人間ではなく、十方の諸仏諸菩薩なのであって、儀礼の場に僧侶が何人いるかは本質的には重要なことではない。ただ、もちろん人間と異なり、十方の諸仏や諸菩薩は、受戒儀礼において、実際に目視できる対象ではない。儀礼は、そうした我々の目には見えない仏や菩薩に語りかけ、そしてその認証を得るという形で行われるのである。受戒儀礼に当たっては実際には他の人々の立ち会いもあっただろうが、彼らは受戒に必要な構成員というわけではない。受戒希望者と戒師とが目に見えない存在に語りかけるという、ある種とても奇妙な光景のもとで、菩薩戒の従他受戒は進められるのである。一方、もう一つの受戒法である自誓受戒の作法は、より一層特徴的である。『菩薩地』において自誓受戒は、戒師となり得る人物がいない場合に認められる方法として説かれ、その場合、受戒希望者は仏像の前で自らが直接に諸仏諸菩薩に語りかけることによって受戒を果たす。すなわち儀礼において目に見える存在は受戒希望者一人であり、その者がまるで一人芝居のように、しかも真剣に、目に見えない存在に語りかけ、認証を得るという形で、儀礼は執り行われるのである。

受戒作法の文面に明示される諸項目のうちで注目すべきものに、菩薩戒を受けて菩薩として生きる決意をすることとその期間がある。インド文化に特有の輪廻転生という考え方と直結する問題である。

仏教で守るべき戒には、この世で一生守り続けることを誓って受戒するものと、より短期のものとがある。一生涯守ることは、しばしば「尽形寿」（肉体と寿命の尽きるまで）と表現される。一方、より短期の戒律に八関斎があり、一日戒ともいう。これらと較べる時、菩薩戒には大きな特徴がある。菩薩戒の基盤となる菩薩行は、発菩提心からはじまり、最終的に菩提（悟り）を得て仏と成るまで、無数の輪廻転生を通じて行われる。そのため菩薩戒の受戒儀礼では、まず最初に、極めて特徴的な二点が戒師によって問われる。すなわち汝は菩薩かどうかという点と、そして汝は既に菩提の誓願を済ませているか（*kṛtapraṇidhāna*）かどうかという点である。前者は受戒希望者が菩薩としての自覚を有しているかどうかを、後者は菩薩としての発菩提心（発心、発菩提願）を問いただすものである。これらに対して受戒希望者は然りと肯定的に答え、そして菩薩行の意義を十分に自覚した上で、菩薩戒の受戒を諸仏諸菩薩に向かって希求し、その認証を得ることによって菩薩となる。菩薩戒を受けるとは、現世に限らず、来世も、来々世もずっと菩薩として生きることであり、そしてそれを自他共に認めることにほかならない。

【受戒が完了した証拠】　仏像を前にして受戒儀式を遂行するとしても、菩薩戒を授ける主体の仏が受戒希望者に見えるわけではない。もし仏教をまったく信じない人が傍らで見たならば、受戒の儀礼は、何か見えないものが聞いているかのように語りかける言葉を繰り返すだけであって、とても奇妙な光景と映ることだろう。あやしげな一人芝居のように見えるかも知れない。

受戒を希望する当人の側から見た時、受戒儀礼をしている自分は、いったいどのように見えない仏と繋がっているのだろうか。これについては、以下に示すように、主に二通りの答え方が可能である。

（1）まず第一に、菩薩戒の受戒儀礼を行う際に、受戒希望者は仏像を前にして受戒することが定められている。この点は菩薩戒の受戒を定めた原典である「菩薩地」に明記されている通りであり、その後に中国で行われた受戒儀礼の作法にも仏像の前で受戒すべきことが定められている。これは何を意味するかと言うと、当時、仏像は仏そのものの象徴として捉えられていた。現代人の感覚では仏像は単なる作り物に過ぎないと思うのが普通かもしれない。しかし五世紀の漢語仏典には仏像を最も近くにいる仏であると説明する学僧の説明があり、それが当時一般の感覚に通じる見方であったと推定できる。具体的には仏典漢訳者として高名な鳩摩羅什に学んだ直弟子であった僧肇（四一四年没）が、このことを述べている。その意義についてもし詳細を知りたい方がいるならば、拙稿「六朝時代における菩薩戒の受容過程」（『東方学報』京都六七冊、一九九五、特に本文の九六〜九七頁と附録一の一一四〜一一五頁）を参照されたい。

仏像が仏を表すという考えは素朴すぎると思う読者も多いだろうが、前近代中国では、素朴どころか、正に正統派の説であった。儒学典籍として有名な『論語』は、神に祭祀する際の敬しみの心構えをこう説いている。

先祖を祭るには先祖が今ここに現在するがごとくに祭る。神を祭るのに今ここに神が現在するがごとくに祭る。

祭如在、祭神如神在。（『論語』八佾篇）

これを中華の文化的基盤をなす見方として、仏教僧もこれを認め、仏像に対する心構えに応用する。例えば梁の慧皎も『高僧伝』で仏像と仏の関係を次のように解説する。右の『論語』「祭神如神在」を慧皎がそのまま用い、しかもその対句として「敬仏像如仏身」と展開して論ずることに注目して欲しい。

神を祭るのに今ここに神が現在するがごとくに祭るならば神の道は交感するのであり、仏像を仏身と同様に敬うならば法身は感応するのである。

（吉川・船山二〇一〇b・三二三頁より引用）

祭神如神在、則神道交矣。敬仏像如仏身、則法身応矣。

（『高僧伝』巻十三、興福篇、論。大正新脩大蔵経第五十巻・四一三頁上段）

先に言及した僧肇は、右のように説明する慧皎より百年近く前の僧であったが、彼もまた同じ心構えを重視した。寺に祀られた「丈六仏（じょうろくぶつ）」（高さ一丈六尺の仏像。人間の二倍あまり）は仏そのものを示すのだから、仏像を軽視して遠くに仏の本質を追い求めるなど、筋違いも甚だしいと僧肇は論じ、『丈六即身論』という書を著述したのであった。したがって仏像に対するこの見方は、菩薩戒を受戒する際に目の当たりにする仏像に対しても、そのまま当てはまると我々は理解すべきである。

（2）さらにもう一つ、菩薩戒の受戒において受戒希望者が仏から受戒を認証されたことを積極的に示す事柄がある。それは、我々の視界の及ばない遠い彼方の世界にいる仏や菩薩が、今ここで菩薩戒を受戒したいと乞う僧がいることを確かに見届けて認証したということを示す超常現象の発生である。これを明記する最も古い仏書は、『瑜伽師地論』「菩薩地」をサンスクリット語原典から漢訳した曇無讖訳『菩薩地持経』と並んで重視された別訳であった求那跋摩訳『菩薩善戒経』の一節である。『菩薩地持経』と『菩薩善戒経』は共に「菩薩地」の漢訳であるが、訳語の異なるところが多い。以下に紹介する一節は『菩薩善戒経』の説く受戒作法の最後の段階で、受戒が成立したことを示す描写として現れる。受戒儀礼の司会進行役を務める僧の発する仏菩薩に対する呼びかけの言葉と結果として生じる超常現象とを説明する一節である。

……「願わくは十方の諸仏と諸菩薩よ、憐愍（れんびん）の念から某甲（ぼうこう）菩薩（「某甲」に受戒希望者の実名が入る）に戒を授けてやってください。憐愍の念から無量無辺にして無上の功徳をもつ宝の蔵のごとき戒を授けてやってください。衆生の為になる行いをするために、そして諸仏と諸菩薩の教えを増し強めるために」。二度目も三度も同様に語りかける。

するとその時、様々な方角から涼やかな風が起こる。（大正新脩大蔵経第三十巻・一〇一四頁中段）

これ以降は割愛するが、この涼やかな風を感じた司会進行役の僧は、「十方の諸仏と諸菩薩が某甲菩薩に戒を授けてくださった」ということが分かり、某甲菩薩に受戒の認証が得られたことを語りきかせると本文は続く。ここで注目すべきは「涼やかな風（漢訳は「涼風」）」である。それが一方向からでなく、様々な方向（漢訳は「諸方」）から起こるということは、十方の仏国土にいる多数の仏菩薩が一斉に承認したということを暗示するのであろう。

求那跋摩が『菩薩善戒経』を訳したのは四三一年のことであった。その当時から、右に紹介した涼風による認証現象が仏教徒の間で認知されていたわけである。この説明は後代の菩薩戒受戒儀礼にも継承された。例えば唐の慧沼（六四八～七一四）は受戒認証の現象として、「涼風」「妙香（素晴らしい芳香）」「異声（通常ならざる音声）」「光明」などを列挙する（慧沼『勧発菩提心集』。大正新脩大蔵経第四十五巻・三九七上段）。唐の湛然（七一一～七八二）も明曠（約七四〇～八〇〇頃）も慧沼とほぼ同様の説明をするほか、日本平安時代の最澄も『授菩薩戒儀』という受戒解説書で同様の説明をしている（大正新脩大蔵経第七十四巻・六二八頁下段～六二九頁上段）。

このように、第二の点は実際に現れる現象を証拠と見立てたことを示している。わたくし自身は残念ながら実体験がないので、受戒すると必ず不思議な現象が適時に起こるかどうかを経験から述べることはできない。しかし自然現象から見えない世界の仏菩薩の様子を察知しようとする態度は、長い伝統として続いていったと見て恐らく差し支えないであろう。

さらに文献の裏づけなしに想像することが許されるなら、もし受戒儀礼の途中で、急な大雨・突風・落雷などの突発的異常気象が起こったら、仏菩薩が受戒に難色を示した証拠とみなされた可能性もあったのではないだろうか。

六、偽経と菩薩戒

【『梵網経』】　中国における菩薩戒は曇無讖訳『菩薩地持経』すなわち「菩薩地」の伝来によって始まったが、新たな経典の成立によってインドとはまったく異なる新たな展開を呈した。その経典こそ『梵網経』にほかならない。本経は後秦の鳩摩羅什訳として世に現れた。そのことを記す経記として「菩薩波羅提木叉後記」（『出三蔵記集』巻十一）も作られた。しかしながら実際は鳩摩羅什とはまったく無関係であり、五世紀中〜後半頃に中国で作られた偽経、すなわち漢訳経典に見せかけた偽作経典であることがほぼ確実に論証されている。

本経の上巻は十住・十行・十廻向・十地より成る菩薩修行の諸段階を説き、下巻は菩薩戒を説く。とりわけ下巻における十重四十八軽戒の説が広く知られた。十重は十種の重罪の意であり、十波羅夷ともいう。それらを簡略化して具体的に言えば、生きものを故意に殺すな、ものを盗むな、（邪な）性交をするな、嘘をつくな、酒を売買するな（特に販売の禁止を意図）、仲間が犯した罪をむやみに論うな、自らを褒め他を貶すこと（自讃毀他）をするな、説法や財施などの布施を惜しむな、怒りに打ち震えるような状態になるな、仏・法・僧の三宝を誹謗するな——以上の十項目である。この教説は「梵網戒」と通称され、その後の時代の東アジア仏教の実態を刷新する契機となった。五世紀前半に漢訳された経典としては、重罪を出家者と在家者に共通の四種とする『菩薩地持経』、出家者のみに適用すべき八種とする『菩薩善戒経』、在家者のみの六種とする『優婆塞戒経』などの説があったが、それに対して『梵網経』は、出家者と在家者とに共通する十重四十八軽戒を、「菩薩の波羅提木叉（戒本）」

として提示し、そして十五日ごとに催す「布薩（ふさつ）」と呼ばれる戒律遵守を確認する儀礼集会において、菩薩戒の持戒・犯戒を定期的に点検すべしと説く。要するに、本経の十重戒説には、右に言及した訳出諸経典における異なる教説を統合して一本化した性格が認められる。そのことと出家及び在家の菩薩による布薩の実践という観点を考えあわせると、本経編纂の目的の一つに、漢訳諸経典に様々な形で説かれ、統一性のなかった重罪規定を総合的に体系化し、実践に堪える形で、出家者か在家者かを問わず、多くの人々が共通して使用可能な菩薩戒のチェックリストを編纂するという意図があったのであろうということが推測される。菩薩戒の導入後まもなく本経が偽作された背景には、恐らく様々な要因を想定すべきであろうが、その一つに、右に述べたような状況があったのは確かと思われる。なお、梵網戒の制作に当たっては、曇無讖訳『菩薩地持経』『大般涅槃経（だいはつねはんぎょう）』『優婆塞戒経』、求那跋摩訳『菩薩善戒経』、偽経『仁王般若経（にんのう）』（偽経『梵網経』と同時か直前頃）などが、そして巻末の偈の部分についてはさらに鳩摩羅什訳『中論（ちゅうろん）』などが、下巻の素材として用いられた。このことは先行研究が既に指摘している通りである（船山二〇一七・第四章「『梵網経』下巻の素材と注解」）。

本経において成立し、後代に影響を与えた説はほかにも多い。例えば肉や五辛（ごしん）（葱、大蒜（にんにく）などの五種）の摂取を禁止する教えがある。これらは、もとは『大般涅槃経』その他の漢訳経典から借用された考え方とみなすことができるが、菩薩行の実践という点から言えば、人々に直接の影響を及ぼしたのはむしろ、漢訳経典ではなく、『梵網経』の方であった。また、第十六軽戒には、出家菩薩は必ず焼身焼指などの捨身行（しゃしん）（我が身や命を惜しまない行為）を行って仏菩薩を供養すべきことが言われており、その文章にはいくつかの異なる解釈が可能であるが、いずれにせよ、この第十六軽戒を始めとする『梵網経』の教説は、後の時代の受戒儀礼のあり方にも大きな影響を及ぼしたものとして注目すべきであろう。

【菩薩戒を説く他の偽経】　東アジアにおける菩薩戒の特色は『梵網経』に表れていると言っても過言でない。この経典以上に強い影響を与えたものは他にない。ただ、それ故にと言うべきか、『梵網経』を凌ぐ影響は与えなかったけれども、『梵網経』の影響を受けた経典は後に幾つか生まれた。この偽経を契機に生まれた偽経がさらに発生したのであった。

『梵網経』の影響は、早速その直後に表れた。五世紀末に編まれた偽経『菩薩瓔珞本業経』がそれであった。この経典は菩薩戒を主眼とするのでなく、菩薩として生きてゆく上で進みゆく修行の諸段階を体系化することに主眼があった。この点については本章第五節に改めて取り上げるつもりである。

『菩薩瓔珞本業経』は、菩薩の修行を始める出発点として菩薩戒を受けて守り続けるべきことを説く。その文脈で本経は律儀戒・摂善法戒・摂衆生戒の三聚戒に触れ、律儀戒に関して驚くべき内容を示す。通常、律儀戒とは、菩薩戒を受戒する以前の時点で受戒希望者がそれまで既に受持してきた戒を指す。すなわち在家の男女が菩薩戒の受戒を新たに希望するならば、彼らにとって律儀戒は在家の五戒である。沙弥（男性の出家見習い）が菩薩戒を受けたいなら、律儀戒は沙弥の十戒である。そして比丘が菩薩戒を受戒したいなら、比丘にとっての律儀戒は比丘戒——別名は比丘の具足戒とも二百五十戒とも言う——である。ところが『菩薩瓔珞本業経』は大衆受学品において、こうした伝統説から逸脱し、律儀戒は、上記のいずれでもなく、出家か在家か男か女かを問わず、すべて一様に「所謂る十波羅夷なり」

と言う。これは律儀戒とは常に『梵網経』の説く十波羅夷――十重戒――であることを示す新たな解釈である。菩薩戒に関して波羅夷の数を十とするものは漢訳文献に存在せず、ただ一つ偽経『梵網経』のみに当てはまる特徴であるから、『菩薩瓔珞本業経』が『梵網経』の影響下に編纂されたことはここに明らかである。そして本経は、「律儀戒」と「摂善法戒」と「摂衆生戒」とをあわせて「三受門」と呼ぶ。これは『菩薩地持経』における「三聚戒」と同内容の別表現である。要するに、『梵網経』の戒を受持していれば声聞乗の律や戒を過去に受持していなくとも、過去の経歴と無関係に菩薩戒を受戒することができると、『菩薩瓔珞本業経』は主張したのであった。

以前にわたくしは『仏典はどう漢訳されたのか』において、中国の偽経は、更なる偽経を生む傾向があると指摘したことがある（船山二〇一三・一三七頁、参照）。『梵網経』には正にそうした新たな偽経を生む魅力があったため、『梵網経』の菩薩戒説は、さらに後代、別の偽経に取り込まれた。唐代に編纂された『大乗瑜伽金剛性海曼殊室利千臂千鉢大教王経』十巻は、既に多くの理由から偽経であることが確定しているが、その巻五には『梵網経』の十重戒に基づく「大乗十重」という大戒を繰り返し説いている（船山二〇一三・一四〇頁、参照）。これも偽経が偽経を生んだ例である。

六朝時代に成立した菩薩戒の様々な教説は『菩薩戒義疏（ぼさつかいぎしょ）』を著した隋の智顗と弟子の灌頂（かんじょう）やその他の人々によって隋唐及びさらに後の時代に継承され、発展を遂げた。『梵網経』に対する多くの注釈が作成され、在家者のあいだで菩薩戒を受ける風潮も受け継がれた。敦煌における菩薩戒の実態に関する近年の総合的研究としては、湛如『敦煌仏教律儀制度研究』（二〇〇三）がある。また、恐らく実際の需要を反映してであろう、隋唐時代には菩薩戒の受戒法を説く文献が様々な形で編纂され、受戒作法における変遷が著しい。

七、更なる問題

菩薩戒と絡む更なる大きな問題に、戒律違反への処置（出罪法）がある。『律』においては、波羅夷を破れば教団追放（不共住）となるなどの罰則が規定されている。では菩薩戒の場合はどうかと言えば、「菩薩地」戒品に次のような規定がある。

> もし菩薩が波羅夷に当たる事柄を犯す場合、それが極度（*adhimātra*）の煩悩心（*paryavasthāna*）による時には、律儀（菩薩戒）を捨てることになる。だからまた再び（菩薩戒を）受け直さなければならない。
>
> （W 180, 26–181, 2. D 124, 14–15. 曇無讖訳、大正新脩大蔵経第三十巻・九一七頁上段、玄奘訳、同巻・五二一頁上段）

これ以下、煩悩心の状態がより軽度の場合について、懺悔による対処法が述べられる。このように「菩薩地」は、煩悩心の状態を、極度（重度の煩悩心、曇無讖訳「増上煩悩」「上煩悩」）、中程度、軽度の段階に分け、波羅夷に該当するのは、極度の煩悩心から故意に違反する場合のみであると明記している。他方、中程度や軽度の場合、また波羅夷ではない「軽垢（きょうく）罪」の場合には、相応の仕方で懺悔をすることで罪から脱することができると説明されている。なお、煩悩を三種に分けて極度の場合のみに波羅夷が成立するという点で同じ内容の記述は、上記引用に先行するところにもあり、極めて興味深い内容に溢れる。就中、菩薩戒において波羅夷を犯しても再受戒が認められる点は声聞の比丘が波羅夷を犯したら再受戒できないのとは異なるという趣旨の事柄が明言されていることは、注目すべきであろう（W 159, 16–23. D 109, 8–13. 曇無讖訳、大正新脩大蔵経第三十巻・九一三頁中段、玄奘訳、同巻・五一五頁下段）。これらから我々は、『菩薩地』の作成者が、菩薩戒と律のあいだで具体的に何を共通要素とみなしたか、どこが異なると考えていたかを知ることができる。要約すれば、菩薩戒は波羅夷の場合であっても一度犯しただけでは波羅夷ではなく、極度の悪意をもって故意に何度も違反することによって始めて波羅夷となること、そしてその場合でも再受戒が可能であることが声聞の律とは大きく異なる点であるとされているのである。

ここに、波羅夷の意味が大乗と小乗とでは相当に異なることが分かる。ただ、この規定を実際にどのように運用したかは、この短い説明から必ずしもすべてが明らかなわけではない。例えば、波羅夷を犯した後に再受戒することは、実際に容易に認められたのか、それとも困難な諸条件を課されるとか懺悔がまだ足りないなどの判断がなされることにより、実際には再受戒はかなり困難だったのかは、何も記されていない。菩薩戒の実態を知るためには、経典の文言のみではなく、後代の注釈書などにさらに詳細な説明を見出すことや、具体的な受戒の事例を歴史文献から探し出すことなどを今後さらに行うべきであろう。

本節では菩薩が守るべき菩薩戒を、大乗の教えを実践する基盤として捉え、七項目に分けて説明した。だが本節は菩薩行の根幹と関わるが故に説明の足りない所がまだあるのではないかと恐れている。内容をさらに詳しく知りたい方は船山（二〇一九a・第二篇第二章）として収めた「大乗の菩薩戒（概観）」をご覧いただきたい。

第三節　『梵網経』の十重四十八軽戒

前節に述べたように、菩薩戒という大乗特有の行為規則は五世紀前半にインドから中国に伝わり、数十年のあいだで瞬く間に普及した。ただし中国の仏教徒が日々の生活規範とした菩薩戒の戒条は漢訳経典にそのまま基づくものでなく、複数の漢訳経典を用いて重複する内容を削除して述べ拡げた戒条であった。具体的にそれは、五世紀の中頃から後半の頃、『梵網経』（図3）に十重四十八軽戒としてまと

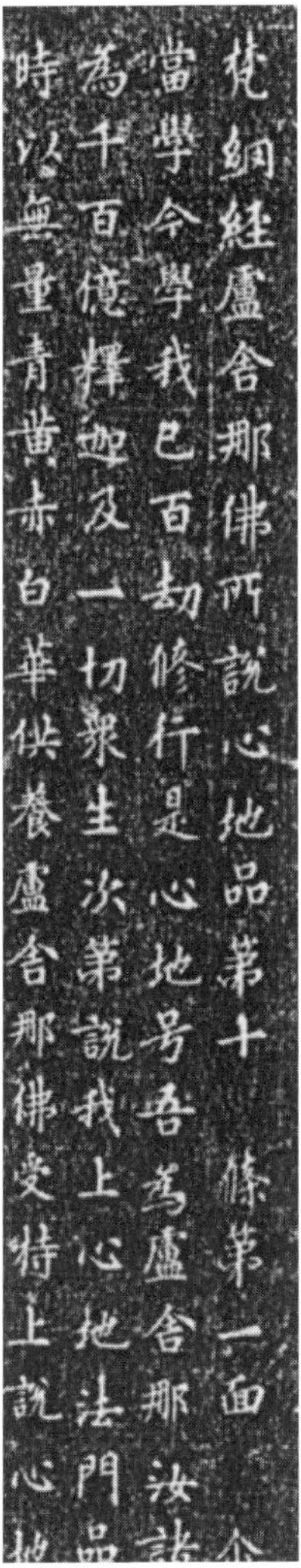

図3　『梵網経』上巻冒頭

められた。「十重」とは十項目の重罪を指す。そのいずれかを意図的に執拗に犯した者は菩薩の資格を消失し、そのために今後、悟りの可能性も救済の可能性もなくなってしまうという、宗教的に見て極めて重い罪である。インドの律の用語を用いて十重を十波羅夷と呼ぶことも多いが、意味は同じである。

東アジア文化圏において、菩薩戒を守って菩薩として生きることは、大乗仏教徒の課題であり、使命であるとみなされた。そのため、『梵網経』は大乗の出家者も在家者も、年齢や性別を問わず、菩薩として生きるためにすべての仏教徒が日々守るべき生活規則として重視された。その影響は現在も色濃く残っている。中国大陸や台湾の仏教徒はいまなお『梵網経』に基づいて日々暮らしている。日本の平安時代に最澄が『梵網経』のみを重視し、部派仏教の『律』は不要であるという円頓戒（えんどんかい）の思想を打ち立てたことは周知の通りである。

本節ではこのように重要な価値と影響をもつ『梵網経』の概略的内容を紹介してみたい。梵網十重四十八軽戒は、その戒条を逐語的に正しく理解することが大切であるのは改めて言うまでもないけれども、ここでは不要に煩雑な解説となるのを避けるために、十重四十八軽戒の要点を列記するに止めておきたい。

一、重罪は十種

十重戒すなわち十項目の重罪〈波羅夷罪〉の概略は以下の通りである。

一　不殺生　〈禁止〉殺人のみならず、あらゆる生きものに対して、殺害行為をしてはならぬ。

〔推奨〕他者への慈しみ（慈）と思い遣り（悲）と従順な心で他者を救済せよ。

二　不偸盗

〔禁止〕他者の所持品を盗んではならぬ。
〔推奨〕自らの所有を他者に布施せよ。他者に安楽を与えよ。

三　不婬

〔禁止〕〔男の菩薩は〕女性に対する性交、歪んだ性交、近親相姦をしてはならぬ。
〔推奨〕従順な心で衆生を済度せよ。他者に仏の教説を付与せよ。

四　不妄語

〔禁止〕虚言、妄言をしてはならぬ。
〔推奨〕真実を見て、真実を語れ。

五　不酤酒

〔禁止〕酒の取引特に販売をしてはならぬ（実質上在家菩薩を想定した項目）。
〔推奨〕興奮や思い違いのない、沈着冷静な心を他者に起こさせよ。

六　不説罪過

〔禁止〕他の菩薩が犯した過ちを非難したり、他者の傷口に塩を塗る発言は控えよ。
〔推奨〕他者を思い遣り、大乗を信仰するように教示せよ。

七　不自讃毀他

〔禁止〕自らに甘く、他者に厳しい態度をとってはならぬ。
〔推奨〕他者の利益となる行為をせよ。

八　不吝嗇

〔禁止〕自らの持ち物を惜しみ、他者への施しを拒絶することをしてはならぬ。
〔推奨〕あらゆる布施を行え。財施のみならず法施にも努めよ。

九　不激高

〔禁止〕他者に対して身体的な危害や言語的な危害を与えてはならぬ。
〔推奨〕他者を思い遣れ。

十　不誹謗三宝　〈禁止〉仏・法・僧の三宝に対して誹謗中傷することはならぬ。
〈推奨〉三宝に常に敬意を表せ。

以上が十重戒の概要である。右の説明には記さなかったが、これら十の禁止事項について『梵網経』は自ら行うことと他者を唆して行わせることの両方を禁ずる。また、『梵網経』の戒条は表の意味としては禁止事項であるが、同時に裏の意味として、禁止事項を行わないことで逆に何をすべきかを説く点で推奨事項をも示している。したがって右の各項目に〈禁止〉〈推奨〉を示した。

二、軽罪は四十八種

さらに十重に次いで犯すべからざる四十八軽戒の概略を見ておこう。それらは「軽戒（きょうかい）」とか「軽垢戒（きょうくかい）（汚れの軽度の戒）」と称するため、違反しても大して問題あるまいと思うのは誤りである。重罪と比べれば軽度であるが、やはり菩薩である以上、決してすべきでない項目を挙げている。つまり、いずれも犯すべからざる事柄である。

『梵網経』の説く十重四十八軽戒を概念図として示すと、左記図4のようになる。

図4　十重四十八軽戒

菩薩戒＝大乗戒＝梵網戒＝十重戒（＝十波羅夷）＋四十八軽戒（四十八軽垢戒）

次に四十八軽戒を列挙すると以下のようである。

一　菩薩戒を受戒したら師や仲間に敬意を示し、従順な心を起こせ。
二　自ら飲酒したり他者に飲酒させたりしてはならぬ。
三　肉を食してはならぬ。
四　野菜であっても決して五辛（にんにく・にら・葱の類い）を食してはならぬ。
五　戒を犯した者には懺悔すべきことを教え、過失を改め繰り返さぬよう教えよ。
六　大乗の師や仲間に敬意を表し、必要品があれば施し、説法を願い、彼らを礼拝せよ。
七　仏法を講ずる場所には自ら率先して趣いて聴聞して、教えを身につけよ。
八　大乗の教えに背いて二乗（声聞乗と独覚乗）や異教徒の教えを受け入れてはならぬ。
九　病人がいたら決して見過ごさず、病人に必ず救いの手を差し伸べよ。
十　戦闘や危害を加える武器を所持してはならぬ。
十一　敵軍と接触し自国に不利益を蒙らせてはならぬ。
十二　人民・奴隷・家畜を売ったり、死者を弔う具を取引したり、他者にさせたりしてはならぬ。
十三　無実の罪を他者になすりつけて誹謗中傷してはならぬ。
十四　家屋・山林・田畑などに火を放って焼失させてはならぬ。
十五　大乗以外や異教徒の教えを恣意的に解釈して他者に誤った教えを与えてはならぬ。
十六　大乗を正しく教えるべきなのに、他者の問いに答えず、誤った説明をしたりしてはならぬ。

十七　利欲を貪ろうとして国王や官僚の権利を笠に着るような行いをしてはならぬ。
十八　菩薩戒を正しく暗誦し、理解せよ。戒の教えを知っていると偽り、他人を欺いてはならぬ。
十九　正しく菩薩行を行う他者に悪を行ったり偽りを言ったりしてはならぬ。
二十　捉えられた生きものを自由に放ち（放生）、危険から救い出し、亡き肉親の追福をも行え。
二十一　たとい肉親の身に危害が加えられたとしても、報復してはならぬ。
二十二　他者の優れた才能や立派な行いを理解せぬまま軽んずるようなことをしてはならぬ。
二十三　悪意や慢心から菩薩戒を他者に授けず、教えない態度を取ってはならぬ。
二十四　大乗以外の仏教や異教徒の教えを学んで大乗に対する妨げを作ってはならぬ。
二十五　教団の管理運営に当たる時は、教団の財を私用したり、他を混乱させたりしてはならぬ。
二十六　来訪した客僧を敬い、能う限り施せ。客僧を蔑ろにして身勝手に利益を貪ってはならぬ。
二十七　檀越からの布施は教団の皆で分かち合え。自分一人で身勝手に利益を受けてはならぬ。
二十八　檀越から食事接待を受ける際は、誰かを特別待遇せず、教団の順位通りに皆が利に預かれ。
二十九　利欲を貪るために身勝手に振る舞い、世俗の占いや毒の調合その他をしてはならぬ。
三十　仏・法・僧の三宝や仏の教説に対して偽りを言ったり、行動したりしてはならぬ。
三十一　悪人が仏像・経律・出家者を売買するのを見たら手段を講じてそれらを贖え。
三十二　武器や計量器を売ったり、他者の財産や自由を剥奪するなどの事をしてはならぬ。
三十三　人々の格闘・軍の闘争・賭博・占い・盗賊行為を肯定しそれらに加担してはならぬ。

三十四　常に戒を保ち、戒を犯さぬよう努力せよ。一瞬たりとも大乗を認めぬ心を抱いてはならぬ。
三十五　菩薩として十の誓願（省略）を発し、それらを実践するよう常に心懸けよ。
三十六　十の誓願を発した後、十三の願文（省略）を唱え、菩薩として衆生救済に努めよ。
三十七　常に十八種物（省略）を携行し、正しく布薩し、苦行や安居の時と場所を正しく弁えよ。
三十八　各人の座順は受戒した順であることを弁えよ。秩序なく順不同に座を設えてはならぬ。
三十九　常に衆生を教化し、仏塔を建立せよ。菩薩戒を読誦し、他者にも教えて利他行に努めよ。
四十　菩薩戒の受戒希望者がいたら分け隔てなく、正しい儀礼手順で戒を授けよ。
四十一　菩薩戒の受戒希望者がいたら、七逆罪の有無・犯戒への対処・懺悔法などについて教えよ。
四十二　菩薩戒を未受戒の者や異教徒・邪見の者たちに菩薩戒の内容を教えてはならぬ。
四十三　戒を誹謗する者は、檀越から布施を受けたり、仏教徒の王の国土に入ったりしてはならぬ。
四十四　一心に戒を受け入れ読誦し、身の皮を紙、血を墨、骨を筆として戒を書写して教えを敬え。
四十五　集落で見た者には、たといそれが動物であっても戒の教えを施し、菩薩の心を起こさせよ。
四十六　戒を教える時は高座に坐り、聴聞者たちの座を低くして仏法に敬意を抱かせよ。
四十七　国王であれ誰であれ、仏弟子を拘束し修行を認めず、仏法を破壊したりしてはならぬ。
四十八　戒を受けたら戒を庇護し、戒を破壊しようとする行為を見過ごして是認してはならぬ。

以上が四十八軽戒の概要である（船山二〇一七・第三章）。ただしあくまで概要であり、戒の条文それ自体の原文は遥かに長く、ある意味でくどくどしくて読みにくい。十重戒について〔禁止〕と〔奨励〕

とを別に示したように、四十八軽戒もしばしば禁止すべき行為と積極的行為の両面を説き示している。例えば第十八軽戒の場合、右の概略では「菩薩戒を正しく暗誦し、理解せよ。戒の教えを知っていると偽り、他人を欺いてはならぬ」と一行に約めたが、第十八戒の原文をそのまま現代語訳すると次の通りである。

> 仏の子供〔として修行する菩薩〕が戒を学び諳誦する時、毎日六回きまった時間に菩薩戒を保ち、その内容や仏性の本性を理解せよ。しかるに菩薩が僅か一句、一偈も戒律のいわれを理解していないのに、私は理解していると虚言するならば、自らを欺き、他人をも欺いているのであり、すべての教えを一つ一つ理解していないにもかかわらず、師として他人に戒を授けるならば、軽垢罪に当たる。
> （原文・現代語訳・基づく素材は船山二〇一七・一四八頁、三〇一頁、三八〇頁、参照）

この戒条は比較的分かり易い内容であるけれども、『梵網経』には時にあまりに多すぎる内容が一つの戒に盛り込まれ、その結果、守るべき戒のポイントが分かりにくく、読みにくい戒条も少なくない。

三、漢語の「戒」と原語の「シーラ」

戒の形式にはこれ以上深入することを控え、『梵網経』における全五十八項目の戒の性格について重要な一点を記しておきたい。それは『梵網経』の定める「戒」は、仮にサンスクリット語を用いて説明するなら「シーラ *śīla*」と呼ばれるものである。漢字の「戒」の意味を一義的に決定することは難しいのに対して、サンスクリット語の「シーラ」には具体的文脈に応じて複数の意味があるとしても、それらに共通する基本的な根幹を成す意味がある。それは「シーラ」とは「（良い）習慣」であること、別の言い方をすると、「繰り返し行うことによって定まった生活上の（良い）習性」であることだ。極端な例を使って要点を述べると、こう言えるだろうか――例えば「煙草を吸ってはいけない」ということが禁止事項である場合、「いけない」という否定を守り続けるには心の緊張と忍耐を必要とする。ニコチン中毒者にとって「煙草を吸ってはいけません」「この航空機内ではトイレでの喫煙も電子タバコも禁止であると法令で定められています」などと言われると、吸ってもよい場所に移動するまで苦痛を強いられる。しかしながら、もし禁煙に成功し、中毒症状もなくなった状態になると、そもそも煙草を吸いたいという欲求がなくなるし、ここは禁煙ですと言われてもまったく苦痛でなくなる。その理由は何かと言えば、禁煙状態が習慣化し、常態となっているからである。習慣を意味する「シーラ」は喫煙者が煙草を我慢し続けることでなく、煙草を吸わない人として生きることなのである。それは禁止されることから生じる緊張や我慢や罰則への恐れがすっかり消えた状態である。我慢する必要すらない状態である。「戒」として定めるとは、習慣化することの大切さを説き示すことにほかならない。

『梵網経』の「戒」はすべてこのような性格の上に成り立っている。嘘をついてはいけないということもまた然り。毎日嘘ばかり言う人が嘘をついてはいけないという「戒」を守るべきなのでなく、嘘をつかない状態が習慣化し、嘘をつくことから解放され、何の苦痛も我慢もなくなること、それが不妄語という戒なのである。右に概要のみを示した十重四十八軽戒は、すべてそれらを生活習慣・日常的習性とせよという教えである。我慢することが大切なのでなく、我慢する必要すらなくなった日常習慣とすることを目指して、都合五十八項目は、「戒」＝「シーラ」＝「習慣化した徳目」として説き示されているのである。

出家教団の生活規則である『律』（ヴィナヤ）は禁止項目を列挙し、もし違反したならば遂行すべき罰則を明確に定めている。『律』が禁止を主眼とするとは、裏返して言えば、禁止項目を守って違反することがなければ、『律』を守った生活をしているということを意味する。一つ例を挙げて示そう。例えば『律』には四波羅夷という重罪四項が定められ、その一つである盗みを禁ずる項目がある。そこでは与えられていないものを他から取ることを盗みと規定し、それを犯せば波羅夷罪となり、教団で他の比丘たちと共同生活をしてはならないと説いている。ここには禁止事項と罰則があるだけであり、では盗みをする替わりに何をすべきかを肯定的に示す条文は含まれていない。禁止事項を遵守すればそれでよいのである。

これに対して大乗の菩薩戒を説く『梵網経』は盗みをどのように規定しているであろうか。該当する第二波羅夷の原文をそのまま現代語訳すると次の通りである。

もし仏子が、もし自らの手で盗み、他人に盗むよう教唆し、手立てを講じて盗むなら、盗みの行為と、盗みの方法、盗みの直接的原因、盗みの間接的原因が〔成立する〕。呪文をかけて盗んだり、果ては悪鬼や神々のもの、所有者のある物品、劫賊の物に至るまでの一切の財物は、針一本、草一本でも故意に盗んではならぬ。しかるに菩薩は、常に仏性への従順さや慈悲の心を起こし、常に一切の人々を助け、福徳を生み出し安楽を生み出す者であるにもかかわらず、その反対に人の物を盗むなら、菩薩の波羅夷罪である。

（原文・現代語訳・基づく素材は船山二〇一七・八二頁、二八七頁、三五三〜三五五頁、参照）

傍点部に着目して欲しい。第二波羅夷は戒条として、自ら盗むことと他者に盗みを唆すことを禁じているから、全体としては禁止を示す内容である。しかし同時に他者の物品を盗むのではなく、菩薩たる者は一切の人々に助けの手を差し伸べ、盗み取ることの逆である安楽を与えるという布施行を行うべきことを条文中に含めている。戒は単に禁止を守ればよいというだけに止まらず、盗まぬことを習慣化した上で、盗みの反対である布施という徳目を行為せよと、明文化しているのである。部派の『律』の条文と大乗の『梵網経』の条文のあいだには、否定か肯定かという本質的違いがあることを看取できるであろう。

第四節　『梵網経』の食生活

本節では戒の具体的な内容として、『梵網経』の戒条に食事の規制があることを扱おう。

一、「五辛」

『梵網経』十重四十八軽戒のうちで飲食に関する項目は第五重戒（第五波羅夷）と第二〜第四軽戒の四条である。まず、食肉を禁止する第三軽戒により、梵網戒の受戒者は菜食することになるが、菜食の中でも「五辛」と称する味覚を刺激する五種の野菜は禁じられる。この五種が何かは、実は問題があり、『梵網経』の漢語原文の最も古い写本は「大蒜・革葱・慈葱・蘭葱・興渠」と表記する。ところがこの五種のうち最初の四つを区別しながらすべて列挙する漢訳経典はないため、サンスクリット語を同定して意味を確定することができない。ただ、第一の「大蒜」はにんにく（ガーリック）である。これは間違いあるまい。そして第五の「興渠」は漢訳仏典にも登場するサンスクリット語「ヒング *hingu*」（ヒンディー語 *hing*）というセリ科の野菜の臭い樹脂（阿魏ともいう）と考えて間違いない（図5参照）。現代のインド料理でも消化を助けるとして珍重されているものであり、調理前の塊を鼻に近づけると、強烈な臭いを実感できる。

問題はそのあいだの三種である。どれも「葱」という字を含むからネギの一種らしいことは分かるのだが、普通の漢語として用例がないため特定できない。『梵網経』の注釈者たちも説明に手こずったらしく、どの注釈を繙いても五種を完全には確定できていない。

ネギの種類は土地ごとに異なる。日本国内でさえ根深葱（白葱）と葉葱（青葱）に大別され、全国各地にじつに様々な種類があるのは読者もご存じの通り。英語でもフランス語でも色々な種類と呼び名があり、英語のリーク leek（ドイツ語のポレー Porree）など日本にない種類もある。したがって『梵網経』

が編まれた五世紀中後期の中国に一体どのような葱があったかを知る必要もある。わたくしは諸注釈や語例を調べた結果、「大蒜（にんにく＝おおびる＝蒜）・革葱（＝薤＝おおにら＝おおみら＝らっきょう）・慈葱（ねぎ）・蘭葱（のびる）・興渠（ヒング）」であろうと考えている（船山二〇一七・二九五頁、参照）。

私案の当否はさておき、ネギの類いを禁ずることは現代の台湾仏教徒のあいだでも認められている。しかし日本では禅宗のような菜食を強調する宗派であっても、うどんや味噌汁にネギを入れるため、台湾の信徒は、日本に来ると、同じ大乗なのに、精進料理でも食べられないものばかりで嘆くことが多いと聞いたことがある。

さらに補足すると、五辛は唐辛子の辛さとは無関係である。唐辛子は、今でこそ「唐辛子」と、中国の唐代に伝来したかのように表記するが、レッドペッパーの類いがヨーロッパやアジアに知れ渡ったのはアメリカ大陸発見の影響であった。レッドペッパーやトマトはアメリカ原産であり、一四九二年にコ

図５　現代の調味料ヒング

ロンブスが新世界に到達する以前は、ヨーロッパやアジアにレッドペッパーは存在しなかった。『梵網経』が編まれた五世紀の頃、インドのカレーも韓国のキムチも赤唐辛子を使っていなかった。四川料理も当然辛くなかった。つまり「五辛」と「五辣」はまったく異なり、「五辛」とは五つの刺激性野菜である臭い野菜を指した。漢語仏典においては、五辛は五葷（ごくん）（五薫）とも「葷辛（くんしん）」とも表記された。

【付言　現代流の「興渠」新釈】　蛇足ながら付言すると、『梵網経』の諸注釈は、「五辛」とは何かを解説し、逐一同定しようと試みるが、完全に特定することは、どの注釈家にも困難だったようである。いろいろな説を紹介したりもするが、同定困難な植物は、中国では広州（現在の広東省広州）のみに自生するとか、インドの婆羅門がつけた呼び名は然然であるとか説明するが、どうも遠いところにはあるがこの地域にはないから、もし誤って食べてしまったらどうしようと心配するに及ばないと言いたげな、歯切れの悪い解説である。要するに、自ら見たり食べたりしたことのない縁遠いものについては、大胆な推測がまかり通るようである。このことは現代でも実は同じである。試しに興渠とは何かを説明するウェブサイトを検索すると、食品関係と食堂関係のウェブサイト（研究とは無関係！）が数多く見つかる。それを見ると、なんと興渠とは「洋葱」（タマネギ）であると説明する中国語サイトが少なからずある。ヒングはセリ科だから共通点はない。しかしヒングは、油で炒めるとタマネギをあめ色になるまで炒めた時とよく似た香りが出ると言われる。それ故に、植物としてはまったく別でも、西洋タマネギに当たると考えた人がいたに違いない。しかしそれにしても、一体いつ誰が「ヒングは西洋タマネギなり」と言い始めたのだろうか。

二、食肉禁止の理由

『梵網経』の説く食生活は菜食主義を基本とし、例外として上述五種を避けるべき野菜とした。では他の飲食物についてはどのように定められているだろうか。

菜食の対極として、まず肉食を禁ずる。『梵網経』はそれを第三軽戒としてこう定めている。

> もし仏の子供〔である菩薩〕が故意に肉を食するならば――どんな肉でも食してはならぬぞ――、大いなる慈悲の素質〔を備える〕種子を破壊し、すべての生きものが〔食肉者を〕見て逃げ去る。それ故にいかなる菩薩もいかなる生きものの肉をも食してはならぬ。肉を食すれば罪は計り知れない。もし故意に食すなら、軽垢罪に当たる。
>
> （原文・現代語訳・基づく素材は船山二〇一七・一一二頁、二九五頁、三六四～三六六頁、参照）

食肉について、初期仏教や部派仏教にはその規則がなく、三種の不浄肉を禁じていたのみであったことは上述した。西暦で紀元前から紀元後に変わる頃、インド仏教の新興宗教として大乗が現れると、食生活にも変化をもたらした。大乗が登場した頃には食物の規制に変化はなかったが、およそ三百年あまりが経過した頃、大乗の中でも新しい如来蔵という考え方が大乗の一派から生まれ、動物や神々、人間などの生きものにはすべて仏となる潜在的能力があるという思想を打ち出すようになった。「一切衆生悉有仏性――一切の衆生に悉く仏性有り」という言葉は、これを端的に言い表す。

こうして、鳥でも豚でもやがて将来は仏陀となる素質があるということを認めると、鳥や豚を殺して食べるということは、仏となる可能性を秘めている生きものを殺すことであり、要するに、仏を殺すことと変わらなくなってしまうから、避けねばならぬ。このような経緯から、インドの大乗仏教は、ある程度進んだ段階で食肉を避けるようになり、肉食禁止の習慣が生まれた。それを明記した漢訳経典として、五世紀前半に東晋の法顕が漢訳した『大般泥洹経』や北涼の曇無讖が漢訳した『大般涅槃経』、南朝宋の求那跋陀羅が漢訳した『楞伽経（楞伽阿跋多羅宝経）』と『央掘魔羅経』があることはよく知られている。したがって当然のこととして、これら漢訳より以前に、インドにそれらの原典があったことも分かる。

大乗経典から食肉を禁ずる教えが生まれたことは右に述べた通りであるが、さらに付け加えると、ほぼ同じインド語原典から訳された法顕訳『大般泥洹経』と曇無讖訳『大般涅槃経』は、別の理由も挙げている。それは菩薩としての生き方と関わる。菩薩はひとり悟りすますことなく、まず一切の他者を迷いから救済して安楽ならしめるよう活動してから自らが最後に仏となることを誓い、菩薩行を始める。したがって他者を教化することは、菩薩にとって最も大切な使命である。ところが、もし菩薩が動物の肉を食べれば、体は肉臭を発するようになるし、場合によっては血の滴るような臭いまで発するかも知れない。そうなると、菩薩が説法しようとしても、聴聞する者たちは、食肉から生まれた異臭を嗅いで、自分も殺され食われるかも知れないと恐れ、聴聞すらせずに逃げてしまう。それでは菩薩は衆生救済を始めることすらできなくなってしまう。そこで他者を怖がらせないために、菩薩たる者はまず食肉を控えよと、『大般泥洹経』と『大般涅槃経』は説いている。

中国で編纂された『梵網経』が第三軽戒において食肉を禁ずる時、その条文は、曇無識訳『大般涅槃経』のこの一節の文字を用いて作られている。したがって、『梵網経』もまた、上述の理由によって食肉を禁止したことが分かる。

【「不許葷酒入山門」】　因みに日本の寺門の石柱に「不許葷酒入山門」としばしば刻んであることは、多くの方がご存じであろう（後掲第二章第四節の三の図17参照）。「葷・酒、山門に入るを許さず」と訓じ、五種の葷辛も酒も寺門より内に入れることを禁ずる。葷酒の二つを禁ずるのは『梵網経』に特有である。「不許葷酒入山門」は『梵網経』の影響にほかならない。

三、「五辛」を避ける理由

『梵網経』はなぜ五辛を禁ずるのか。その答えは、第四軽戒の文面にはっきり表れていないが、第四軽戒の素材となった曇無識訳『大般涅槃経』を繙くと、そこには「五辛能葷（五辛と同じ）」を食さない菩薩は、「是の故に其の身に臭処有ること無ければ、常に諸天（神々）や一切の世人（現世の地上の人々）の恭敬して供養し、尊重し讃歎するところと為る」（大正新脩大蔵経第十二巻・四三二頁下段～四三三頁上段）と記されている。ここでも体から嫌な臭いを発しないことを理由として挙げているのが分かる。要するに、肉を禁ずる理由も五辛を禁ずる理由も、とどのつまりは同じである。臭いが衆生教化活動の妨げになるからである。

『梵網経』の元来の意図は、このように素材となった『大般涅槃経』と照らし合わせれば、自ずと明らかである。『梵網経』に対する諸注釈のうち、最も早期の智顗『菩薩戒義疏』は、このことを的確に理解し、「第四の食五辛戒。〔これは〕葷菜の臭みが教えを妨げるから規制する」と解説している。ところが興味深いことにと言うべきか、残念なことにと言うべきか、『梵網経』は中国で編纂されたにもかかわらず、中国人仏教徒たちのあいだで、肉と五辛を禁ずる本来の意図がうやむやとなり、別の理由で説明されるように変わっていった。すなわち肉や五辛を食すると精が付きすぎてしまい、それが修行の妨げとなるから食してはならぬと、説明されるように変化した。この変化が正確にいつ始まったか特定できないけれども、唐代の偽経『首楞厳経』には「これら五種の辛菜〔刺激性のある野菜〕は、加熱して食すと婬情を起こし、〔加熱せず〕生のまま摂ると興奮を強める」とある（大正新脩大蔵経第十九巻・一四一頁下段）。この段階で五辛禁止の理由が変化していたのは明らかである。その後の注釈を見ると、例えば北宋末から南宋初の与咸という学僧は、『梵網菩薩戒経疏註』の中で、『首楞厳経』を引用しながら欲望過多を五辛忌避の理由に挙げているから、『首楞厳経』の影響の大きさが窺われる。

なお五辛のすべてを具体的に列挙しているのが確実な漢訳経典は今のところ確認されていないから、五辛を明記して禁ずるのはインドにない、中国特有の列挙法のようである。『梵網経』の後、別の仏教書にも五辛という語は用いられた。中国で唐以前に、『五辛経』という偽経が作られたことも知られている。

五種すべてを挙げることはなくとも、その一部だけならインドの仏教文献にも現れる。部派を問わず、

『十誦律』（説一切有部）でも『摩訶僧祇律』（大衆部）でも『五分律』（化地部）でも『四分律』（法蔵部）でも、女性を対象とする比丘尼戒で「蒜」の摂取を禁じている。生の大蒜も加熱調理した大蒜も不可である。理由は、在家信者がその臭いを嫌ったからとされたり、女性が好む味だからとされたりする。臭いを問題とするのは、上述の『大般涅槃経』や『梵網経』に通じる。ともかく、精が付きすぎるから、欲望過多となるからなどの理由から禁じているのではないのは確かである。また、男性を対象とする比丘戒にも、病の時は薬として「蒜」を摂取して病を治すべきであるが、無病の者は蒜を食してはならぬと、定めている。

【ジャイナ教の驚くべき不殺生】　仏教から逸れるが、インドのジャイナ教の食事にも触れておこう。現在、ジャイナ教は、インド北西部のグジャラート州カティヤワル半島を中心に出家と信者を有し、釈迦と同じ頃の開祖マハーヴィーラの時代から、出家者に厳しい戒律を課したことで知られる。

ジャイナ教は厳しい不殺生主義を貫く。厳しい戒律生活を守る出家者は、今でも、場所を移動するには徒歩しか認めない。ジェット機に乗るなど論外である。理由は、ジェットエンジンに巻き込まれた鳥を殺すから、ジェット機に乗ることは鳥を殺すことを意味すると解釈するのである。ジャイナ教の厳格な出家者は交通機関の使用を一切認めず、ひたすら徒歩で移動する。わたくしの知り合いにジャイナ教ムニ・ジャンブヴィジャヤ（一九二三〜二〇〇九）という学僧がいた。尊敬を込めて尊称の「ジ」をつけてジャンブヴィジャヤジと人々に呼ばれた師はグジャラート州を定期的に徒歩移動しながら活動していた。師が七十歳に手が届く年齢の頃のある時、わたくしが手紙を出しても、すぐに返事が来なかった。

かなりしばらくして、手書きの返信が届き、それを読んだわたくしは驚いた。なんと師は、所用のため、グジャラートから首都デリーに行って戻ってきたばかりなのだという。グジャラートとデリーを徒歩で往復したのだ。仮にグジャラートのバーヴナガルとデリーを往復したとすれば、およそ二二〇〇キロメートル程歩いた計算である。これは日本で京都と東京を二往復する以上の距離である。わたくしは今も残る出家の伝統に驚き、腰が抜けそうになった。

ジャイナ教は、地中の動物や虫を殺してはならぬという考えに基づき、信者が農業に従事することも是としない。そのため、今のジャイナ教信者には、商業従事者が多いのである。

こうしたこと以上に、ジャイナ教に最も特有の思想と食生活の接点は、植物と関わる。通常、仏教を含め、インドでは生きものを定義する時に、輪廻転生する生存として心・精神活動を有する生きものを不殺生の対象とする。ところがジャイナ教徒は、植物にも心があるという独自の説を掲げ、それ故、植物も殺してはならぬということを戒律に定めている。殺さないと食べられないものは食するな、という考えである。そのため、厳格に戒律を守るジャイナ教徒は、いわゆる根菜を摂取しない。人参や玉葱などを掘って食べることとは、人参や玉葱の命を奪うことを意味するからである。従ってインド人でありながら、カレーを作る時に肉や魚を用いないのは勿論のこと、玉葱も用いないのである。ではどうやってカレーの素地を作るかと言うと、玉葱でなく、トマトを炒める。ありていに言えば、トマトや木の実のような生り物と葉野菜は摂取してよいが、根菜を食することは禁ずるのである。

こうしたジャイナ教と比べると、仏教は一般的に、植物の摂取は殺生戒に違反しないと考えて食べることを許す。例外として中国で作られた偽経『梵網経』の五辛が菜食中で禁止されるのみである。

四、飲酒と販売

『梵網経』の説く食物に関する規制として、最後に、酒について述べておこう。

先に序の第四節の「二、飲酒」で説明した通り、仏教は大乗か否かを問わず、飲酒を禁ずる。それ故に『梵網経』も第二軽戒において飲酒禁止を明文化している。ただし『梵網経』について特に注目すべきは飲酒だけではない。飲酒を禁ずるのは「軽戒」であり、酒に関してはそれより遥かに重い、避けるべき罪があるとする点に『梵網経』の特徴を見てとることができる。それは、三節の一に触れた「酤(こ)酒(しゅ)」の禁止である。酤酒の「酤」は漢字の字義としては「取引すること」、言い換えれば、売ることと買うことの両方を意味する。しかし『梵網経』で「酤酒」という場合は、酒を買うことでなく、他者に売ることを限定的に指す。このことは同経諸注釈の内容からもはっきり分かる。

菩薩たるものは酤酒してはならぬと規定するのは、第五波羅夷（第五重戒）であり、次のような条文である。

> もし仏子が自ら酒を取引し、他人に酒の取引をするよう教唆するなら、酒取引の直接的原因、酒取引の行為、酒取引の手段、酒取引の間接的原因が〔成立する〕。一切の酒は取引してはならぬ。およそ酒というものは、罪を生む直接・間接の原因である。しかるに菩薩は、一切衆生に達観の智慧

を生み出させるべきであるのに、その反対に衆生に真理と真逆の心を起こさせるなら、菩薩の波羅夷罪である。

（原文・現代語訳・基づく素材は船山二〇一七・八八頁、二二八〜二二九頁、三五六〜三五七頁、参照）

先に『梵網経』の戒条は漢訳された『菩薩地持経』『菩薩善戒経』の菩薩戒説に基づいていると説明した。興味深いことに、飲酒を禁ずる条文は数多の文献に見られるけれども、酤酒を禁ずる菩薩戒関連経典は、曇無讖訳『優婆塞戒経』受戒品のみに限られる。『優婆塞戒経』は文字通り「優婆塞」すなわち男性在家信者を対象とする教説であるから、この経典のみに酤酒の規制が説かれるということは、酤酒禁止は、在家菩薩に向けた戒条であることを示している。当然ながら、出家者教団の戒律規則である『律』（ヴィナヤ）は、出家者が金銭を扱って物を売買することを認めないから、酤酒禁止は出家者にとっては明文化するまでもない自明の規制である。要するに『梵網経』が出家と在家、老若男女を問わず、すべての菩薩が守るべき戒の中で酤酒を禁じているのは、特に在家菩薩に向けた戒であり、しかも酒を売ることは、飲むことより罪深いと説いているのである。

ここには菩薩戒の内含する社会性ないし社会的規範性が表れている。酒を飲むか飲まぬかは、我が身一人に降りかかる応報をもたらすに過ぎない。しかし酒を売るならば、それは他者を巻き込み、他者に悪しき行いを教唆するのに等しい。『梵網経』は、現実社会における利他行の実践という観点から、酤酒を重罪とみなすのである。

第五節　『菩薩瓔珞本業経』の修行体系

『梵網経』は、菩薩戒を説く更なる偽経『菩薩瓔珞本業経』を生み出す素材ともなった。本経の説く主題は様々であるが、菩薩戒も重要な一つである。本経は『梵網経』の成立後、五世紀末頃――約四八〇～五〇〇年頃――に中国で成立した。より具体的に言えば、五世紀における南朝仏教教理学の術語や理論と共通する面を有することから、本経の成立地は、北朝ではなく、南朝であった可能性が高い。

先行研究の指摘するように、本経の編纂にあたって素材として暗黙のうちに文言を用いられた経典に、偽経の『梵網経』と『仁王般若経』のほか、インド語原典の漢訳として、呉の支謙訳『菩薩本業経』、東晋の仏駄跋陀羅訳『華厳経』、北涼の曇無讖訳『菩薩地持経』、南朝宋の求那跋陀羅訳『勝鬘経』などがある。

なお『菩薩瓔珞本業経』は、現在、大正新脩大蔵経第二十四巻に収められる（図6）。本経の題下に漢訳者として「姚秦（姚氏の秦国すなわち後秦国）の竺仏念訳」と記している。他の木版大蔵経でも同様に竺仏念訳とするが、竺仏念と本経を繋ぐのは後代の経典目録である。それ以前、例えば梁初の僧祐は、『出三蔵記集』巻四の新集続撰失訳雑経録において、本経を「失訳」（訳者不明）の経とする（大正新脩大蔵経第五十五巻・二一頁下段）。したがってこの点より見れば、さらに早い南斉時代にも失訳と扱われていたことだろう。中国で作った偽経は、経典を権威づけするために有名な漢訳者に帰属させる場合も多いが、それと同程度あるいはそれ以上に、失訳の経典として世に登場することもある。本経には、偽

菩薩瓔珞本業經卷上　念一
姚秦涼州沙門竺佛念初譯
集衆品第一
如是我聞一時佛重遊於洴沙王國道場樹
下成正覺處復座如故昔始得佛光影甚明
今復放四十二光光光皆有百萬阿僧祇功
德光爲瓔珞嚴好佛身彌滿法界湛若虛空
凝神寂照樂常住性窮化體神大用無方法
王法主於一切衆生而作父母自然百千寶
蓮華師子之座古昔諸佛所坐皆爾道德威
儀相好如一身口意淨福行普具光明所徹
金剛寶藏出化無極照人剎土去來現在無
復障礙化及一切度法與人三世悉等圓明
獨達一切佛等
爾時大會菩薩盡一生補處神通妙達周徧
十方法身無極導利衆生開佛法藏示現佛
性妙果寂滅無爲要教都入人根以宿命智
訓化以漸心入無際解內外要始終無極等
諸佛土無所分別以大悲口讚揚佛名不可
勝極六道之事靡不貫達所化之處至皆歎
言佛念吾等建立大志乃悉現我諸佛世界
所有好惡殊勝之土佛所遊居闡隆道化光
明神足敎誨我等開示我意佛本業瓔珞十
住十行十迴向十地無垢地妙覺地爲我說
要斷我瑕疵及諸疑網悉爲我現佛土佛身
佛神力佛定無量變化四等無畏無罪三業
十八不共一切功德無上道法衆事敷敎流
入十方一切國土
東去無極有香林剎佛名入精進菩薩字敬
首南去無極有樂林剎佛名不捨樂菩薩字

図６　『菩薩瓔珞本業経』冒頭

経であることの確かな『梵網経』と『仁王般若経』を素材とする文言があるから、偽経であると確定することができる。

一、菩薩戒説の二特色

『菩薩瓔珞本業経』の菩薩戒説は、『梵網経』のそれに基づいて成立したが、とりわけ注目すべき点が二つある。一つは、そこに説かれる自誓受戒説である。これについては本章第二節「五、受戒の儀式」で略述した通りである。もう一つの注目すべき点は、本章第二節「六、偽経と菩薩戒」に示した通り、三聚戒の律儀戒は十波羅夷であると明確に規定したことである。これは『梵網経』の戒を受持していれば、声聞乗の律や戒とは無関係に、菩薩戒が成立することを意味する。要するに、声聞乗における通常戒を受持せずとも、『梵網経』の十波羅夷を受持していれば、受戒が成立する可能性が開かれた。別の言い方をするならば、後に日本平安の最澄が主張した円頓(えんどん)戒の思想に繋がるような、大乗戒のみの受戒を許諾する可能性を『菩薩瓔珞本業経』は示唆したのだった。ただし中国仏教史に、そのような受戒を果たした人物が現実にいたかどうかは分からない。今後の研究が待たれる。

二、三十心と四十二位

既述内容との繋がりを示すために菩薩戒に関する特色を先に述べたが、『菩薩瓔珞本業経』に顕著な、最大の特徴は、むしろ別のところにある。それは、様々な漢訳の経典や論書に記されていた種々の菩薩行をこの経典が統合し、中国特有の修行体系を構築したことであった。この新たな修行体系は、菩薩の行位（修行段階）が四十二であると明記されたことから、『菩薩瓔珞本業経』の四十二位と称されることが多い。さらに細かく見れば、四十二位の前に位置する準備段階として別の十位をも示しているから、経典そのものは四十二位という数字を掲げるのみで、五十二位という言い方をしないが、実質的には都合五十二位の菩薩修行段階説であると言って差し支えない。事実、後代、隋の天台智顗は本経の行位を五十二位と明言し、天台独自の修行体系を構築する基礎として本経を用いた。

本経の説く修行体系には、さらにもう一つ、特有の用語が知られている。それは「三十心」と呼ばれる三十段階の修行である。菩薩の修行として最も基本となり、かつ著名である説は菩薩の十地説である。初期大乗経典の時代に登場した『十地経（ダシャ・ブフーミカ *Daśabhūmika*）』が十地説の源である。菩薩には初地、二地、三地、……、七地、八地、九地、十地と進む十項目の修行段階があり、それぞれの修行基盤を、菩薩の歩み進む大地に喩え「地 *bhūmi*」と称する。ところが菩薩の修行は実は十地だけで済むような単純なものではない。十地の最初である初地に入るには、それより以前に、長い時間をかけて多くの修行を積む必要がある。その準備となる段階のことを『菩薩瓔珞本業経』では三十心位と呼ぶ。三十心とは文字通りの三十でなく、十項目ずつの修行を三段階重ねるという意味である。三十心は三の十心と解さねばならない。三十心説は、インド語原典からの漢訳には見られない中国独自の菩薩修行段階を表す。

三十心を構成する三種の十心は、それぞれ名付けられ、低い段階から順に「十住心（じゅうじゅうしん）」「十行心（じゅうぎょうしん）」「十廻向心（じゅうえこうしん）」と呼ばれた。

さらに十地の最終である十地（第十地）についても、『菩薩瓔珞本業経』は第十地への到達をもって全修行が完了するとはみなさず、その後さらに、菩薩の状態を超えた究極の仏としての境地として、「無垢地（むくじ）」と「妙覚地（みょうがくじ）」の二地を加え、初地から数えるならば全部で十二段階があると説いた（図7参照）。

図7　『菩薩瓔珞本業経』の説く菩薩四十二位（五十二位）

妙覚地
無垢地
↑
十地　九地　八地　七地　六地　五地　四地　三地　二地　初地
↑
十廻向
↑
十行
↑
十住
↑
十信

以上に略記した修行段階を整理すると、こうなる。菩薩はまず始めに、「十住心」に含まれる十段階の修行をし、「十行心」の十段階に進み、それが終了したら「十廻向心」の十段階を修める。ここまでは三種の十心すなわち「三十心」という準備的な修行段階である。菩薩は、十廻向心の中の第十心を修めると、その瞬間に初地に入ることができる。そして初地以下、それぞれ長い時間をかけて修行を深め、十地（第十地）まで到達すると、菩薩としての修行が完了し、さらにその後、仏として「無垢地」と「妙覚地」の二地を修め、ここに全段階が完了する。つまり、単純に言い直すならば、準備段階としての「三十心」と菩薩の「十地」と仏の「二地」を合わせた全てを「四十二位」と呼称するのである。

十地を説く漢訳経典には『十地経』の諸訳のほか、鳩摩羅什訳『十住経』がある。経典名は異なるが、この場合、十地と十住は区別なく、交換可能な同じ意味である。ところで、十地＝十住より以前に修行すべき諸段階の「三十心」が十地より以前の段階であることを明示する必要がある場合、中国の学僧たちは、「三十心」を、「地前三十心」や「住前三十心」と呼んだ。両者とも同義であり、十地より前に学修すべき三十心を表す。

四十二位は、その予備的段階も含めると、全五十二位になる。『菩薩瓔珞本業経』は、十住心位に至る予備的修行として十信位を説く。この十段階を含めると、全五十二位となるのである。右の説明で本経の説く菩薩修行の四十二段階及び予備段階まで含めた五十二段階があることを理解できたかと思う。しかしながら、ここまでの説明では、混乱を避けるため、十住・十行・十廻向の中に各々どのような十段階があるかをあえて説明してこなかった。そこで三十心位と五十二位の名前だけでも列挙すると、図8の通りである。

十信心	⑴信心　⑵念心　⑶精進心　⑷慧心　⑸定心　⑹不退心　⑺廻向心　⑻護心　⑼戒心　⑽願心
十住心	⑴発心住　⑵治地心住　⑶修行心住　⑷生貴心住　⑸方便心住　⑹正心住　⑺不退心住　⑻童真心住　⑼法王子心住　⑽灌頂心住
十行心	⑴歓喜心行　⑵饒益心行　⑶無瞋恨心行　⑷無尽心行　⑸離癡乱心行　⑹善現心行　⑺無著心行　⑻尊重心行　⑼善法心行　⑽真実心行
十廻向心	⑴救護一切衆生離相廻向心　⑵不壊廻向心　⑶等一切仏廻向心　⑷至一切処廻向心　⑸無尽功徳蔵廻向心　⑹随順平等善根廻向心　⑺随順等観一切衆生廻向心　⑻如相廻向心　⑼無縛解脱廻向心　⑽法界無量廻向心
十地	⑴初地＝歓喜地　⑵二地＝離垢地　⑶三地＝明慧地　⑷四地＝焰光地　⑸五地＝難勝地　⑹六地＝現前地　⑺七地＝遠行地　⑻八地＝不動地　⑼九地＝慧光地　⑽十地＝法雲地
後二地	⑴無垢地　⑵妙覚地

図８　菩薩五十二位の名称

以上が五十二位すべての名称である。しかし、名前だけでは内実が不明であるし、恐らく漢字の羅列で目がクラクラするのが落ちだろう。そこで、混乱をさらに招きそうで気が引けるが、もう一つ説明だけを補足したい。それは、三十心と十地については、東晋（とうしん）の仏駄跋陀羅（ぶつだばつだら）訳『華厳経（けごんぎょう）』に対応する名称が見られ、『菩薩瓔珞本業経』の撰者は恐らく『華厳経』から名称を借用したに違いないという事実である。

わたくしは先に、三十心に対応する菩薩の修行段階は漢訳経典に存在せず、『菩薩瓔珞本業経』の創案であったと説明した。それにもかかわらず『華厳経』に対応する名称が見られるとはどういうことか、この点を説明しておかなければなるまい。

仏駄跋陀羅訳『華厳経』は、正式名を『大方広仏華厳経（だいほうこうぶつけごんぎょう）』六十巻と言い、大正新脩大蔵経第九巻に収録されている。

『華厳経』の第十一章「菩薩十住品」に、右の十住心とほぼ一致する十項の名が見られる。

『華厳経』の第十七章「功徳華聚菩薩十行品」に、右の十行心とほぼ一致する十項の名が見られる。

『華厳経』の第二十一章「金剛幢菩薩十廻向品」に、右の十廻向心とほぼ一致する十項の名が見られる。

『華厳経』の第二十二章「十地品」に、右の十地とほぼ一致する十項の名が見られる。

さらに補足すると、『菩薩瓔珞本業経』の十信心に対応する十項は『華厳経』には見出せないが、『菩薩瓔珞本業経』に先行して中国で編纂された偽経『仁王般若経』の第三章「菩薩教化品」に、十信心とほぼ一致する十項の名が見られる（大正新脩大蔵経第八巻・八二六頁中段）。したがって十信心については、その素材は『華厳経』でなく、『仁王般若経』であったと想定すべきである。

そしてさらに、このような対応関係があるにもかかわらず、『華厳経』の説く十住・十行・十廻向・十地は、菩薩が修行すべき諸段階を示しているのではないという点を強調しておきたい。『華厳経』に見られる各品名と各十項目は菩薩が実践すべき事柄として説かれているのは確かである。しかしそれらは、十住・十行・十廻向・十地という順序で段階を踏んで行うべき修行体系ではなく、菩薩の様々な素晴らしい行為を称揚する目的で説かれ、修行順序とは何ら関係がないのである。修行項目でなかった語句を活用し、それを順に行うべき修行段階として体系化したことにこそ、『菩薩瓔珞本業経』の独自性があり、同経の修行段階説には『華厳経』の内容及び説示意図と根本的に相違する意味合いが付加されたのである。

この点は、現代一流の研究者の中でも完全に誤解して、『華厳経』は菩薩の修行段階を四十位に分けて説いていると誤って解説をする者が多いので、誤解を蔓延させぬよう明記し、注意喚起しておきたい。

三、各段階の内容を探る

『菩薩瓔珞本業経』が菩薩の四十二位、予備段階まで含めると五十二位の修行段階を説くことは上記の通りであるが、ここに一つ悩ましい問題がある。『菩薩瓔珞本業経』は各段階の名称こそ列挙するが、それら各段階に具体的に何をすべきかをまったく示さないのだ。そして同じ理由により、あい前後する段階の修行にどんな違いがあるか、修行はどう進んでゆくか、経典読者は理解できない。

これは『菩薩瓔珞本業経』の菩薩修行説を説かれるままに忠実に実践しようにもその手段がないことを意味するから、この経典のもつ構造的欠陥と言わざるを得ない。しかしながら、梁・陳・隋・唐及び以後の中国の仏教徒がこの経典に基づいて修行したことを否定するとしたら、それもまた不適切である。

では後代の菩薩たちは『菩薩瓔珞本業経』の説を修行に実際どのように運用したのか。恐らく最も納得し易い解釈は、『菩薩瓔珞本業経』に名称のみ挙げる各修行階位を、仏駄跋陀羅訳『華厳経』における対応箇所と突き合わせ、『華厳経』に詳しく説く内容を『菩薩瓔珞本業経』に適用して解釈したという可能性である。

その一例を上げてみよう。『菩薩瓔珞本業経』は十信心の第六に「不退心」を挙げ、さらに十住心の第七に「不退心住」を挙げる。どちらも「不退心」の三字が共通するから、名称だけからでは内容の相違を判断できないし、一体どんな修行をすべきかの見当も付かない。十信心の第六「不退心」に関しては、『菩薩瓔珞本業経』の賢聖名字品第二に、次のように十心の名を列挙する。

菩薩常行十心、所謂信心・念心・精進心・慧心・定心・不退心・廻向心・護心・戒心・願心。
（大正新脩大蔵経第二十四巻・一〇一一頁下段）

しかしその後に続くべき内容的説明は何もないので、それぞれ内容は不明である。他方、十住心第七の「不退心住」に関しては、同経の賢聖学観品第三におけるやや離れた二箇所で、十菩薩名をこう列挙する。

菩薩字者、所謂習性種中有十人。其名発心住菩薩・治地菩薩・修行菩薩・生貴菩薩・方便具足菩薩・正心菩薩・不退菩薩・童真菩薩・法王子菩薩・灌頂菩薩。
（大正新脩大蔵経第二十四巻・一〇一二頁下段）

仏子、汝先言云何心所行法者、所謂十心、一発心住、二治地心住、三修行心住、四生貴心住、五方便心住、六正心住、七不退心住、八童真心住、九法王子心住、十灌頂心住。

（大正新脩大蔵経第二十四巻・一〇一三頁上段）

この両者いずれにも内容的説明はなく、単に名を挙げるのみである。したがって『菩薩瓔珞本業経』の十信心第六の「不退心」と十住心第七の「不退心住」が具体的修行としてどのように異なるか、あるいは逆に何か繫がりがあるのかを、経文から読者は理解できない。

一方、もしそれぞれの素材である『仁王般若経』と『華厳経』を合わせて参照するならば、状況は大きく変わる。まず『仁王般若経』の菩薩教化品第三の対応箇所は、次のように十心を列挙する。

善男子、初発想信、恒河沙衆生修行伏忍、於三宝中生習種性十心。信心・精進心・念心・慧心・定心・施心・戒心・護心・願心・廻向心。

（大正新脩大蔵経第八巻・八二六頁中段）

これを『菩薩瓔珞本業経』で対応する十信の列挙と比べると、『菩薩瓔珞本業経』の第六の「不退心」は『仁王般若経』に見当たらず、「施心」となっていることが分かる。

次に『華厳経』の菩薩十住品第十一で対応する箇所は、次のように十種の名を列挙する。

諸仏子、菩薩摩訶薩十住行、去来現在諸仏所説。何等為十。一名初発心、二名治地、三名修行、四名生貴、五名方便具足、六名正心、七名不退、八名童真、九名法王子、十名灌頂。諸仏子、是名菩薩十住。

（大正新脩大蔵経第九巻・四四四頁下段～四四五頁上段）

十住行第七の名称は「不退」であることが分かる。しかしこの一節は単なる列挙に過ぎない。したがって具体的な修行内容を知る手がかりとはならない。一方、「不退住」の内容的説明としては、『華厳経』同品に「不退転住」とは何かを説き示す次のような一節があり、参考となる。やや冗長な説明だが、その現代語訳と原文は次の通りである。

諸々の仏の子供〔である菩薩〕たちよ、菩薩大士が低位に逆戻りしないで止まるとはどのようなことか。菩薩は十種の教えを聞くと、心が確固と安定し、不動となる。十種〔の教え〕とは何かと言えば、以下の〔十種を〕聞くことである。すなわち⑴仏が今も存在しても、もう存在しなくなっても、仏の教えから逆戻りしないこと、⑵法が今も存在しても、もう存在しなくなっても、仏の教えから逆戻りしないこと、⑶菩薩が今も存在しても、もう存在しなくなっても、仏の教えから後退しないこと、⑷菩薩の修行が今も存在しても、もう存在しなくなっても、仏の教えから逆戻りしないこと、⑸菩薩の修行が既に輪廻の外に解放されても、まだ解放されなくても、仏の教えから逆戻りしないこと、⑹過去の諸仏が今も存在しても、もう存在しなくなっても、仏の教えから逆戻りしないこと、⑺未来の諸仏が今も存在しても、まだ存在しなくても、仏の教えから逆戻りしないこと、⑻現世の仏が今ここに存在しても、存在しなくても、仏の教えから逆戻りしないこと、⑼仏の智慧が滅尽しても、滅尽しなくても、仏の教えから逆戻りしないこと、⑽〔過去世・現在世・未来世の〕三世の法が同一のあり方であっても、同一のあり方でなくても、仏の教えから逆戻りしないこと、これらの十種〔を聞くこと〕である。

諸々の仏の子供〔である菩薩〕たちよ、その菩薩は十種の教えを学修すべきである。十種とは何かと言えば、以下の〔十種〕である。すなわち⑴一はそのまま多であると知ること、⑵多はそのまま一である〔と知る〕こと、⑶〔事物の〕本性のままに事物を知ること、⑷事物のままに本性を知ること、⑸非存在が存在であると知ること、⑹存在は非存在であると知ること、⑺〔事物の〕特徴的なあり方でないことが特徴的なあり方であると知ること、⑻特徴的なあり方は特徴的なあり方でないと知ること、⑼〔事物の〕本性でないものが本性であると知ること、⑽本性は本性でないと知ることである。それは何故かと言えば、すべての存在に対して為すべき手立てを具えようとするから、何であれ教えを聞いたら、すぐに自らで悟りを起こすのであって、他の助けを介して悟るのではない。

諸仏子、何等是菩薩摩訶薩不退転住。此菩薩聞十種法、其心堅固而不動転。何等為十。所謂聞⑴有仏無仏、於仏法中不退転、⑵有法無法、於仏法中不退転、⑶有菩薩無菩薩、於仏法中不退転、⑷

有菩薩行無菩薩行、於仏法中不退転、⑸菩薩行出生死不出生死、於仏法中不退転、⑹有過去仏無過去仏、於仏法中不退転、⑺有未来仏無未来仏、於仏法中不退転、⑻有現在仏無現在仏、於仏法中不退転、⑼仏智有尽無尽、於仏法中不退転、⑽三世法一相非一相、於仏法中不退転、是為十。

諸仏子、彼菩薩応学十法。何等為十。所謂⑴知一即是多、⑵多即是一、⑶随味知義、⑷随義知味、⑸知非有是有、⑹知有是非有、⑺知非相是相、⑻知相是非相、⑼知非性是性、⑽知性是非性。何以故。欲於一切法方便具足故。有所聞法、即自開解、不由他悟。

（大正新脩大蔵経第九巻・四四五頁下段〜四四六頁上段）

第六節　修行の成果を得た人々

ここまで菩薩行の実践について、その理論的な面を解説してきた。恐らくこうした理屈の積み重ねには満足できず、「では、具体的に菩薩行をしたインドや中国の大乗仏教徒は修行のどの段階まで到達したのか」と質したい読者がほとんどであろうと想像する。そこで本節では、過去の菩薩の修行階位に関する伝承を略記することとする。ただしこれに関する文献を、引用文献や再解釈の類いまで含めて渉猟すれば、実に夥しい量となり収拾が付かなくなるのを恐れるため、ここではあくまで要点を略説するに止める。

一、ナーガールジュナ（龍樹）

釈迦が仏となったことは言うまでもないが、釈迦の教えは大乗でないし、究極の境地まで到達したので今は触れない。インドの大乗について主な菩薩を挙げる時、大乗の二大学派である中観派と瑜伽行派の祖師は避けて通れない。そこでまず二大学派のうち先に現れた中観派の祖師であるナーガールジュナ（Nāgārjuna 漢訳名は龍樹）は現世で初地に到達したという伝承が広く受け入れられた。その発端は大乗経典『ランカーアヴァターラ・スートラ（楞伽経）』の一節である。

> 南方のヴェーダリー〔という土地〕に、ナーガという名で呼ばれる吉祥で誉れ高い比丘が〔現れ〕、有(う)と無(む)の両極端（実在論(リアリズム)と虚無論(ニヒリズム)）をうち破り、世間に、わが乗り物である、この上なき、大いなる乗り物（＝大乗）を現出し、歓喜の地（＝初地）に安住した後、彼は極楽へと赴くであろう。
>
> （『ランカーアヴァターラ・スートラ』偈頌 Sagāthaka 章　一六五～一六六詩節）

右に示したサンスクリット原典からの現代語訳では「ナーガ」とあり、ナーガアルジュナ／ナーガールジュナではない。しかしこのナーガをナーガールジュナの意味に取る解釈はインドと中国で広く行われた。漢訳のうちで最古の北魏(ほくぎ)の菩提流支(ぼだいるし)（ボーディルチ Bodhiruci 六世紀前半）訳『入楞伽経(にゅうりょうがきょう)』（大正新脩大蔵経第十六巻・五六九頁上段）が当該箇所を「龍樹菩薩」と訳すことからも分かる。

二、アサンガ（無著）とヴァスバンドゥ（世親）

もう一つの有力な大乗学派であった瑜伽行派における祖師の伝承はどうだろうか。瑜伽行派の根本典籍は『瑜伽師地論』である。その著者は、中国に伝わった伝承によればマイトレーヤ（弥勒菩薩）であり、菩薩の最高位である十地（第十地）に到達したと信じられた。マイトレーヤはアサンガ（Asanga 漢訳名は無著）に直接に教えを伝授し、瑜伽行派の教説をこの世に流布せしめた。アサンガにはヴァスバンドゥ（Vasubandhu 漢訳名は古くは天親、その後は世親）という実弟がいた。ヴァスバンドゥも瑜伽行派の解説書を著述した（図9参照）。

図９　奈良・興福寺の無著像（右）と世親像（左）

アサンガはインドと中国の早期伝承では初地に到達した菩薩と信ぜられた。唐の玄奘が訳した最勝子等造『瑜伽師地論釈』巻一における無著初地説を引用して紹介しておこう。

> 仏の涅槃後、仏説に対する障碍が紛然と生じ、部派に執われた見解が競うようにわき起こり、多くの人々が実在論にとらわれた。（そこで）龍樹菩薩は歓喜地を体得し、（一切は）無相であり空であることを説く大乗の教えを収集して『中論』その他を著し、真実の要諦を究め、説き

ひろげて、人々の実在論を除去した。聖提婆（アーリヤデーヴァ）などの大論師たちは『百論』その他を著わし、（龍樹の説いた）大義を広め明らかにした。このため、衆生たちは今度は虚無論にとらわれてしまった。（そこで）無著菩薩は初地の位に登り、法光定（ほうこうじょう）を体得し、大神通力を得て、偉大なる弥勒世尊に師事して、この『（瑜伽師地）論』を説いてくださるよう頼んだ。……（大正新脩大蔵経第三十巻・八八三頁下段）

ここでは無著が初地に登り、法光定（ダルマの光という三昧）の境地に入り、弥勒と接触をもったことが記される。

この後、インドではアサンガは三地まで到達したという新たな伝承も生まれた。アサンガを三地菩薩とみなす伝承はチベットにも伝播した。

チベット仏教においては、プトン（Bu ston Rin chen grub 一二九〇～一三六四）が一三二二年に著わした通称『プトン仏教史』に、弥勒は十地の菩薩であり、無著は三地、龍樹は初地の菩薩であるという伝承がみえ、典拠となるインドの文献を二つ引用する。

『小注』に対する注釈『明らかな言葉』（*Prasphuṭapadā*）に、「無著論師は三地である発光地（*prabhākārī*）を獲得したが、世親を教導するために、唯識の教えを説き示した」とあり、そして『唯識の荘厳』（*Cittamātrālaṃkāra*）に、「弥勒と無著がお説きになられ、龍樹がお認めになった、正しい知識手段と聖典とに結び付いた二諦がこの（論書）に説かれる」と解説され、「弥勒は十地の菩薩である、無著は三地に住する菩薩である、龍樹は初地に住する菩薩である」と言う。

（Lokesh Chandra ed., *The Collected Works of Bu-ston. Part 24*（*Ya*）, New Delhi：International Academy of Indian Culture, 1971, fol. 841, ll.1–4）

典拠とされるインドの二文献のうち、一つは『現観荘厳論』に対してハリバドラが注釈した書をさらに注釈したダルマミトラ Dharmamitra の書であり、それはチベットで『小注』（'Grel chuṅ）と通称される。ダルマミトラの年代はハリバドラ直後の九世紀初頭〜前半頃と考えられる。もう一つのインド語文献は『唯識の荘厳』と呼ばれ、これは十一世紀前半頃に活躍したラトナーカラシャーンティ Ratnākaraśānti によって著された。ラトナーカラシャーンティは、龍樹の作として伝わる『スートラ・サムッチャヤ』に対する注釈の第九章でも「聖者龍樹は初地に住し、聖者無著は三地に住する」と言う。しかしいずれの場合も、三地に達したことの意義や経緯に関する説明は何もないまま、単に定説として提示されている。

他方、ヴァスバンドゥに関するインドとチベットの伝承は明らかでないが、インドから中国に弘まった伝承によれば、ヴァスバンドゥは初地に到達するに至らずに現世の菩薩生活を終えたとされている。

ヴァスバンドゥが現世で到達した境地を説く最も早期の文献が何かは特定し難いけれども、少なくとも六世紀中頃に中国で訳経僧として活動したインド僧の真諦（パラマアルタ／パラマールタ Paramārtha 別名はクラナータ Kulanātha 四九九〜五六九）は、ヴァスバンドゥは聖者になれず、凡夫のままこの世を去ったことを次のように略述している。

〔ヴァスバンドゥは〕アヨーディヤー国（Ayodhyā 現在のインドのウッタル・プラデーシュ州北部の町）で逝去した。享年は八十。〔現世におけるヴァスバンドゥの活動は〕凡夫の状態で終わったけれども、〔彼が著作の中で説き示した仏法の〕理法は、常人の思い計らいを超えた、真に深いものであった。（真諦訳『婆藪槃豆法師伝』。大正新脩大蔵経第五十巻・一九一頁上段）

真諦の没後、さらに唐代になると玄奘が最新の瑜伽行派の典籍と教理学をインドから伝え、瑜伽行派の思想はさらに詳しく弘まった。玄奘の弟子であった窺基（きき）（六三二〜六八二）は複数の著作でヴァスバンドゥ菩薩の到達した階位について述べる。例えば窺基撰『成唯識論掌中枢要（じょうゆいしきろんしょうちゅうすうよう）』巻上本は、上述の最勝子造『瑜伽師地論釈』の無著初地説と同じものに簡単に触れた上でこう言う。

その頃、ヴァスバンドゥという菩薩がいた。この名は唐の言葉で「世親」と言う。彼はアサンガ菩薩の同母弟であり、〔到達した〕階位は、明得（みょうとく）〔定（じょう）〕に留まり、極喜地（ごくきじ）（＝歓喜地＝初地）のすぐ手前のところまで至った。……（大正新脩大蔵経第四十三巻・六〇八頁上段）

「明得〔定〕」の詳しい説明は割愛するが、菩薩の十地に至る以前の準備的一段階である。それはまだ凡夫の段階であり、聖者の初位である「初地」に入る少し前の修行段階であった。窺基の説く凡夫の境地に留まったという伝承は、真諦の伝承と基本的に一致するものと言える。

【初地に込められた二重の意味】　菩薩の十地のうちでナーガールジュナもアサンガも初地と結びつけられているのは、菩薩の十地説のみを知る者には彼らを不当に低く評価した結果と理解すべきであろうか。実はそうではない。なぜなら、菩薩行には十地に至るまでの長い準備段階があるからである。大乗の教理学においては、初地及びそれ以上の段階にある者を聖者菩薩とし、初地に至るまでの低位にある者を凡夫菩薩とみなした。この点から言えば、ナーガールジュナとアサンガは聖者の初位に到達したのであり、他方、ヴァスバンドゥは凡夫にとどまったと解釈できる。

初地を聖者の初位・出発点とする説は、インドと中国の大乗仏教史を巨視的にとらえる時、決して看過することのできない初地の性格と結び付いている。それはいわば初地の価値的大転回とも言える、意義づけの革新である。大乗は「誰でもが菩薩となり得る」という理念を掲げた。菩薩として生きる大乗の徒は、まず始めに、輪廻を超えて仏となるまでの間、ずっと菩薩として他者を救済し続ける誓願を立てる。そしてそれに菩薩として生き続ける壮大な覚悟と決意を表明する。一方、菩薩の生き方と素晴らしさを説く大乗経典に『十地経』があり、そこでは初地から十地に進む修行が段階的に説かれていることも既に述べた通りである。ここで是非留意したいのは、初期大乗経典『十地経』の段階では、菩薩の修行段階は十種であり、そこにおいて初地はあくまで出発点、いわば菩薩のスタート地点を示すに過ぎない。『十地経』のなかには、初地に入るためにどれほど多くの修行を長い時間をかけて行うべきかを明確には説いていない。言い換えると、初地に入るための具体的準備を経典の主題としていない。『十地経』を注意深く読み解くならば、人はだれでも簡単に、すぐに初地の菩薩となれるとは書いていない。しかし初地から説明を始めるため、読者はどうしても初地はスタート地点であり、それ故、初地という修行段階は最も低い段階であると感ずるのが実情であろう。

他方、中国で発達した菩薩の修行論によると、初地の意義づけは対蹠的である。確かに初地は聖者位の最初であるが、聖者位に達するためには、凡夫としての長い修行を要することを強調する。『菩薩瓔珞本業経』に基づく菩薩の五十二位に即して言えば、菩薩となる誓願を発した後、外凡夫として十信位を修め、その後、内凡夫として十住・十行・十廻向の三十心を修め、この四十位を完成し、やっと始めて初地に到達できる。この点から言えば、五十二位の修行においては、初地はもはや菩薩の最初の段階ではなく、極めて多くの修行を重ねた成果である。凡夫位を脱し聖者位に到達することは、スタートよりむしろ、この世で実現できる修行のゴールなのである。

要するに、インドの初期大乗経典として『十地経』が作られた当初の時代と、その後に整備付加された長大な菩薩修行体系とを比較すると、菩薩の初地にはスタートとゴールという二重の意味合いがあるのだ。時系列に沿って説明すると、菩薩の初地は、スタートからゴールへ質的に転換したと言えるのである。

【発願の意義】　こうした初地の二重性のみならず、さらに原点に遡れば、菩薩というあり方の出発点である「菩薩の誓願」（発願＝発心＝発菩提心＝立誓願）が二重の性格を内含する。菩薩として生きるには、まず始めに悟りを目指す自利行と共に一切衆生を済度するという利他行を行う決意を示すべく「菩薩の誓願」を起こし、自他共に認める菩薩として生活を始める。すなわち菩薩の誓願は菩薩であることの必要条件である。一方、もしその誓願が誠心誠意に発せられるならば、将来に利他行を実施するのは確かであるから、既に菩薩の十分条件を備えていることにもなる。「菩薩の誓願」は菩薩として生き始める必要条件であるが、誓願を真摯に発することができれば菩薩の理念に合致しているという巧妙（トリッキー）な二重性がある。心構えが完成されていればその後の実現は既に約束されているのと同じであるから、誓願を発するという出発点において、既にそれ以上の修行は不要な程に立派な菩薩である。こうした菩薩の誓願の意義は、初地菩薩の意義と同様に、菩薩の出発点は終着点でもあるという両義性を内含している。

三、中国の菩薩a　語り物の伝統

中国の大乗仏教においては菩薩は修行によってどの程度の境地まで至れると考えられていたであろうか。中国仏教は原則としてインド大乗仏教を継承したから、菩薩の階位に関してもインドと同様だったと考えるのが普通であろう。しかし中国の仏典を精査すると、インドとは相当異なる菩薩観が中国では弘まっていたようである。

中国では、菩薩の到達階位に関して、まったく異なる二種の風潮が同時に併存したことが諸文献から読み取れる。二種のうち一つは、聖者になるのは比較的容易であるということを前提として認め、《聖者の境地に達した人は多いとみなす流れ》であった。この潮流は説話的性格の濃い僧伝類に現れた。もう一つの潮流は、まったく逆に、この世でどんなに真摯に修行しても聖者の位に到達できることは極めて稀である（ほとんどあり得ない）ということを前提として認め、《聖者に達することのできた人は極めて少ないとみなす流れ》であった。厳しい修行を実践した修行者たちの多くは学派的傾向としてこの第二の潮流に属した。本節において略記した以上の諸点は、既に別稿で整理したので、興味のある方はご覧いただきたい（船山二〇一九b）。さらにまた、聖者の位に達したかどうかは、当人の葬法にも反映された。知られている通り、インド文化では火葬を原則とするが、中国では火葬を好まず、実質的には仏教でも土葬するのがほとんどだった。しかしそうした中で聖者の位――大乗なら菩薩の初地かそれ以上――に到達したとみなされた修行者は土葬されず、火葬（荼毘）し、塔を建てることが通例であった。

ただ、その数はそれ程は多くない。

《聖者の境地に達した人は多いとみなす流れ》　梁の慧皎『高僧伝』を頼りに聖者の位に達したとみなされた仏教徒の記録を求めると、確かにこうした記録を蒐集できる。必ずしも大乗だけでなく、部派仏教（小乗）の修行成果を得たインド僧の記録もある。

その事例を二三紹介しておくと、『高僧伝』巻三の求那跋摩（ぐなばつま）伝によれば、南朝宋の都の建康（けんこう）に到来したインド人訳経僧の求那跋摩（グナヴァルマン *Guṇavarman* 漢訳名は功徳鎧（くどくがい）、三六七～四三一）は自ら遺言の偈（詩節）をサンスクリット語で作り、その中で部派仏教の二果（にか）（斯陀含果（しだごんか））を得たことをこう述懐する。これは一種の韻文による自叙伝の一部である。

> 私は摩羅婆国において、始めて初聖果を得た。
> 人里離れた静かな林間の山寺で、足跡をくらまして遠離を修行した。
> その後やがて師子国の、劫波利という名の村で、さらに進んで修行して二果を得た、すなわち斯陀含と呼ばれるものを。
> （吉川・船山二〇〇九a・一九九頁より引用）

巻十一の玄高伝によれば、北涼の都の姑臧（現在の甘粛省武威）に活動し、四三九年に大国の北魏が姑臧を陥落した後、北魏の都の平城（現在の山西省大同）に強制的に移された玄高（四〇二～四四四）は、晩年、平城で沙門の法達という高僧と会話するなかで、玄高の境地を人々は次のように見立てていた。

> ……法達はまたたずねた。「法師はすでにいかなる階地に登られたのですか」。玄高「私の弟子どもの中に自ずと知っている者があろう」。そう言いおわると、たちまちにして見えなくなった。法達が密かに玄高の弟子たちにたずねたところ、みなの者は口をそろえて得忍の菩薩であると言った。
> （吉川・船山二〇一〇b・六七頁より引用）

当時の人々の高い敬意を得ていた玄高は、「得忍菩薩」と称されたことが分かる。この語は鳩摩羅什訳『維摩経』という大乗経典にも出る語であり、この経のサンスクリット語原典と対照すると、「得忍」とは、一切の存在は真実には生じることも滅することもないという事物のありのままを是認する「無生法忍（ぼうにん）」という認識を体得することであり、この境地に至った菩薩を得忍菩薩と呼ぶということが分かる。そしてこの無生法忍を体得することのできる菩薩は特別な菩薩であって、凡夫ではあり得ず、具体的には十地のうちの少なくとも七地か八地には到達している、極めて高位の菩薩であるとみなされた（吉川・船山二〇一〇b・六八頁注四、参照）。つまり玄高は極めて高い菩薩の境涯にあったと、人々にみなされ、尊敬されたのだった。

この他にも『高僧伝』、唐の道宣撰『続高僧伝』、北宋の賛寧撰『宋高僧伝』などから高位の菩薩を例示することができる。実際、僧伝や説話的な仏教の話において聖僧とみなされた事例は相当多い。しかし事例のみをただ羅列しても煩瑣となるばかりなので、ここで一先ず区切り、次の項に話を進めることにしよう。

四、中国の菩薩b　厳しい修行者の伝統

中国仏教史におけるもう一つ別の潮流は、同時代に併行して存在した右の傾向とは反対の傾向である。《聖者に達することのできた人は極めて少ないとみなす流れ》　この傾向は、人はどんなに修行しても初地に至ることのできる人など例外中の例外であり、まして七地、八地など到達不能と言ってよい程に高すぎる境地である、況んやこの世で仏になるなど、言葉で言うのは容易いが不可能なことであるという考え方を示す。これは説話的な話の面白さと無縁で、ストーリーテリングとも無関係の極めて真面目な苦行者の伝統と言ってもよいであろう。この潮流に属する僧として挙げるべきは隋の天台宗を確立し

た南岳慧思（五一五～五七七）と弟子の智顗（五三八～五九七）の問答である。『続高僧伝』巻十七の慧思伝によれば、慧思の弟子の智顗が「師の位は即ち是れ十地ならん――先生はもう十地に達していますよね」と訊ねたことがあった。臆測するにそれは、師慧思のすぐれた生き方への尊敬から出た若き弟子の率直な想いだったのであろうが、豈図らんや、これに対する慧思の返答はまったく異なり、

> それは違う。私は十信鉄輪位に過ぎぬ。
> （大正新脩大蔵経第五十巻・五六三頁中段）

というものだった。慧思が自覚した「十信鉄輪［王］位」という位は、十地の菩薩どころか未だ聖者の片隅にも入っていない、修行中の身であると認識していたことを示している。煩雑過ぎる詳細に入ることは避けたいので詳しくは説明しないが、天台の教理学では別教（個別的教え＝低位の仏教修行説）の行位を進んだ後、円教（完全な教え＝高位の仏教修行説＝天台の修行体系）と呼ばれる上位の修行に入ると定められている。慧思は、別教の修行は済ませたが、円教の修行体系においては、まだその準備段階に留まり、円教の聖者にまではまったく達していないと認め、自らは十信鉄輪王の位に過ぎないと答えたのだった。

　では、慧思の教えを承けた智顗の場合には、到達した階位の自覚はいかなるものだったかと言えば、智顗は自らの修行位を「五品弟子位」と自覚していたことが複数の資料から判明する。具体的には、唐

の灌頂撰『隋天台智者大師別伝』（大正新脩大蔵経第五十巻・一九六頁中段）・『国清百録』巻三の王遣使入天台建功徳願文（大正新脩大蔵経第四十六巻・八一一頁中段）・『同』巻四の天台国清寺智者禅師碑文（八一八頁中段）・道宣撰『続高僧伝』巻十七の智顗伝（大正新脩大蔵経第五十巻・五六七頁中段）などの諸資料がそれを示している。「五品」とは随喜・読誦・説法・兼行六度・正行六度であり、それは天台教理学では円教における最初の予備的修行段階に相当する。要するにこのことは、智顗が自らを師の慧思よりさらに下位に位置づけたことを示す。このような自覚は、《聖者を稀少とする流れ》に属する考え方にほかならない。

同じ傾向を示す厳しい修行者の例として唐の玄奘を指摘できるが、これについては他の視点も絡むため、第二章第二節の二「玄奘の往生願望」の項で後述することとしたい。

第七節　輪廻と劫（カルパ）と阿僧祇劫

一、輪廻と転生

先に序の第三節「行為の三種」において、菩薩とは何かに触れて菩薩は何度生まれ変わっても菩薩として生き続けることを覚悟して生活を始めると述べた。何度も生まれ変わることを漢字で表わせば「輪廻転生」である。輪廻（サンサーラ *saṃsāra*）はインド文化に特有の生存観である。彼らは現世がすべてとはまったく考えていない。命ある生きものは何であれ、この世で死を迎えると、やがて次の生存に変わり、つまり転生し、悟り（「解脱」＝モークシャ *mokṣa*＝輪廻からの完全なる解放、脱出）を獲得しない限り、五種ないし六種の生存をぐるぐると繰り返し、終焉することがない。五種の生存を五趣輪廻、六種の生存を六趣輪廻と言う。五種とは天（神）・人間・畜生・餓鬼・地獄であり、さらに阿修羅（戦いを繰り返すだけの生存）を加えると六種となる。インド文化に生きる人々にとって輪廻は終わりのない、救いのない苦しみである。延々と繰り返すだけのその苦しみからどうしたら解放されるかを求め、輪廻からの解放すなわち解脱を求めて種々の方法を論述する「ダルシャナ」（見方の意）と呼ばれる思潮が、思想と宗教とを総合する形で、何種類も創り出された。

　輪廻して生まれ変わる行き先は五種であるとする説と六種であるとする説があると直前のところに書いたが、これはインド仏教における部派ごとの相違を反映している。部派の中で特に大きな勢力を有した説一切有部や上座部（テーラヴァーダ）は五趣輪廻（五道輪廻）の説に立った。しかしそれ以外には六趣輪廻（六道輪廻）の説を唱える部派もあった。仏教以外の伝統文化ではどのような説を立てたか。一般に我々は、輪廻説はインドに固有で特有の考え方と捉えるが、インドの長い歴史のなかで最初から輪廻思想が存在したのではないということは既に多くの人々が指摘する通りである。詳しい説明は割愛するが、初期ウパニシャッドの時代に生まれた「二道・五火」の説が、輪廻説をまとまった形で述べた最も古いものであると一般に認められている（服部正明『古代インドの神秘思想――初期ウパニシャッドの世界』、第六章）。

　輪廻説を五種ないし六種と数を明示して説明する傾向はインド正統婆羅門教には少なく、むしろ仏教によって転生先が具体的に説明された。また、比較的古い時代には、正統婆羅門教においても、悪いことをすれば草に生まれるといった、後代の輪廻には含まれない植物への転生を含む考え方もあったらしい。例えばインド正統文化の法典として名高い『マヌ法典』に次のような一節がある。

一二・五八　グルの寝台を犯す者は、何百回となく、草、灌木、蔓草、肉食動物、牙を持つ獣、残忍なことをする者の（母胎に入る）。

一二・五九　害することを好む者は肉食動物となり、食してはならないものを食べる者は虫となる。泥棒は共食いするものとなり、最下層の女と交わる者は亡霊となる。

（渡瀬信之訳『サンスクリット原典全訳　マヌ法典』、四一一～四一二頁）

右のうち詩節五八に見える「草」「灌木」「蔓草」は植物であるから、通常の輪廻先には含まれない。これは一例に過ぎないが、輪廻と言ってもインド文化の中である程度の違いや振幅があるのが分かる。

輪廻を表すサンスクリット語はサンサーラ *saṃsāra* である。この語を受容し翻訳した漢字文化圏ではサンサーラを「輪廻」（輪のようにぐるぐると回る）と表現したため、輪廻は円環状の時間観念と解釈されることが多い。しかしながらサンスクリット語サンサーラの本来的語義は動詞サン-スリジュ *saṃ-sṛj* に由来し、彷徨う・流離うを意味し、必ずしも円形の時間観念を示すわけではない。要は、動き続けるという点であり、それに終わりがないことを示す言葉が輪廻である。終わりがないからこそ、延々と続くサンサーラは、出口のない通路の苦しみや束縛（しがらみ）、恐怖、絶望の念を人に抱かせる。

ところで、我々は通常、死後の生まれ変わり――転生――を認めたとしても、実際に前世の記憶や前々世のことを忘れず記憶し続けることはない。しかしながら仏典を読む限り、インドの人々は、別の境遇に生まれ変わった者のすべてが前世の記憶を失うわけではないと考えていたようである。例えばブッダや高い境地の菩薩は、生まれ変わっても過去世の記憶を失わず覚えていると記されている。そしてそのような特殊な記憶を、神通力の一つである宿命（しゅくみょう）智と呼ぶ。一方、通常の迷える人々が、前世を見通す力や前世の記憶をもたない理由は、煩悩に覆われているから真実を知ることができないと、仏典には説かれている。

これと関連して紹介しておきたいのは、今後どれほど多くの輪廻転生を繰り返しても、輪廻を越えて、悟りに至るまで、果てしなくずっと菩薩として生きて行くことを誓い、菩薩としての戒を守って生き続ける出発として戒を受けることがもつ意義である。前世の記憶については、どうやらインドの仏教徒の間にも、「どうして前世で受戒したことを来世で記憶し、戒を守り続けられるのか。前世の記憶がなければ転生するたびに受戒を繰り返すことになるのではないか」と訝しく思った人々がいたらしい。菩薩戒の受戒とその効果の持続性を解説する『瑜伽師地論』菩薩地は、次のような興味深い解説をしている。

菩薩は転生し、十方のありとあらゆる所に行き渡り、どこに生まれてもその境遇で、菩薩の清浄な禁戒を捨ててしまうことはない。菩薩はこの上なき悟り〔を目指す心〕を捨てないという、偉大な誓い〔の継続する効力〕によって、現在の最も強力な煩悩によって波羅夷罪（重罪）を犯してしまうということはない。菩薩はどこに生まれ変わっても、本来の心（悟りを目指す心）を忘失することなく、善き〔修行〕仲間と出会い、菩薩戒をはっきりと窮め知る心があるから、〔輪廻転生する度に〕何度〔菩薩戒を〕受けても、それは新たな受戒ではないし、また新たに〔戒を〕体得するのでもない。

（玄奘訳『瑜伽師地論』菩薩地、大正新脩大蔵経第三十巻・五一五頁下段）

右の一節で言わんとするところは、最初に受戒した効力は輪廻転生を越えて持続するということである。仮に新たな生まれを得て受戒したとしても、それは、戒を新たに受け直したことを意味するのではないのである。裏返して言えば、菩薩として修行する人々にも境地の差があるから、高い境地の菩薩のように誰しもが前世を記憶しているわけではなく、多くの修行者は生まれ変わるごとに受戒することがあるのを暗に認めていると言ってよかろう。ただしその場合も新たに受け直した再受戒ではなく、いわば戒の効果を再び確認する行為をしたに過ぎないという意味に解してよかろう。

インドに発した仏教も輪廻からの解放を求めた。そしてインド仏教が東アジアに伝播すると、東アジアの国々も仏教と共に輪廻というインド土着思想を受け入れることとなった。もちろん日本にも輪廻は伝わった。しかし、インド人の心にある輪廻が中国や日本にそのまま変化せずに伝わったかどうかは問題である。むしろ輪廻観は形を止めたけれども、内実は相当変貌したと考える立場が強い。

大乗の掲げる菩薩の生き方も輪廻転生を越えて菩薩として生き続けることを説くものである。では菩薩として生き続けると言う場合、インド仏教では、いったいどれ程の長さを想定しているのか。その答えは、これまたインド文化に特有の観念を基にした時間の単位で説明される。それはサンスクリット語で「カルパ *kalpa*」と言われる時間単位である。インド特有の長さであり、中国文化にそのまま対応する語彙がなかったため、漢訳仏典ではカルパを「劫波」とも音写するが、簡略に「劫」と表記するのが一般的である。「劫」は音写語であるから音を表すのみであり、「劫奪」その他の熟語に示されるような意味は含まない。

二、阿僧祇劫

一般に仏教では、大乗に限らず、悟っていない者が悟る——仏になる——のに必要な時間は三阿僧祇劫であるとみなす説が普及した。例えばその説は部派仏教のうち大勢力を誇った説一切有部のアビダルマ教理学書『倶舎論』の世間品という章にも明記されている通りである。また、同じ説一切有部の律である『十誦律』に対する注釈『薩婆多毘尼毘婆沙』巻二（五世紀前半に漢訳、訳者不明）にも次のように説かれる。

> ブッダは三阿僧祇劫のあいだ菩薩の修行を繰り返してブッダとしての悟りを成就し、諸の衆生を済度した。
>
> （大正新脩大蔵経第二十三巻・五一〇頁中段～下段）

これと繋がる説はインド大乗仏典にも見出せる。中国の注釈も、修行は三阿僧祇劫に及ぶという説にしばしば触れる。ただし中国の大乗注釈者たちは部派仏教の説と大乗の説はまったく同じとは解さなかった。どちらも三阿僧祇劫という長い時間に言及するが、大乗は三阿僧祇劫の修行を菩薩の諸段階で繰り返すため、結果として、大乗の菩薩が行う修行は、十地中の初地に至るまでの準備に三阿僧祇劫を要し、その後、十地それぞれの地で三阿僧祇劫を修行にかけるから、合計すると三十三阿僧祇劫という遥かに長い時間の後に菩薩はブッダとなることができるとする説が生まれた。この説は例えば隋の吉蔵『大乗玄論』巻三に明記されている（大正新脩大蔵経第四十五巻・四七頁中段）。唐の玄奘の時代、玄奘が漢訳した瑜伽行派の論書である無著（アサンガ）造『摂大乗論』巻九に次のような説明もある。

> 小乗（すなわち部派仏教）は三阿僧祇劫でブッダとなることができると説き示すが、大乗ではブッダとなれるのは三阿僧祇劫の後であるとも、七阿僧祇劫の後であるとも、三十三阿僧祇劫の後であるとも説き示すことがある。
>
> （大正新脩大蔵経第三十一巻・二一八頁上段）

これはインド語原典の漢訳であるから、インドの大乗仏典において菩薩の修行期間について異なる諸説があったことが分かる。上述の吉蔵説はその一つに過ぎない。では玄奘門下の教理学はどうか。玄奘門下の法相宗教理学を整理した日本鎌倉前期の良算『唯識論同学鈔』巻九之二は、十地の初地に入るまでの準備に一阿僧祇劫を、初地から七地まで至るのに一阿僧祇劫を、そして八地以降に一阿僧祇劫を、合わせて三阿僧祇劫を要すると解説する（大正新脩大蔵経第六十六巻・五二九頁中段）。これは右掲『摂大乗論』とも異なるから、中国や日本に諸説あったことが分かる。ただしいずれの説を採るにせよ、菩薩が修行を始めてから成仏するまで、想像すらできぬ程とてつもなく長い時間がかかるのは間違いない。

ここまで「阿僧祇劫」という言い方をしてきたが、それがどれ程の長さかについては説明を控えてきた。その理由は、あまりにも長い時間のため思考が混乱しそうになるからである。阿僧祇劫に当たるサンスクリット原語はアサンキェーヤ・カルパ *asaṃkhyeya kalpa* であり、文字通りの意味は数えることのできないカルパである。しかし諸説あるものの例えばアビダルマ教理学書として信頼し得る『倶舎論』を再び繙くならば、時間単位の阿僧祇は字義通りの無数でなく、十の五十九乗である、さらに大きな数である、いや少し小さな数であるなど、煩瑣だが、ある決まった数値であるという。

三、劫の長さ

ではその基になる劫（カルパ）は一体どれ程の長さであろうか。これまたインド特有の悠久の時間単位なのである。劫の長さを説く仏書は多いが、よく知られた代表的な書として後秦の鳩摩羅什訳『大智度論』巻五に説かれる二つの喩えを紹介しておこう。

『大智度論』は劫の長さを二つの喩えを用いて説明する。

譬喩その一――極めて長寿の人がいたとする。彼が四十里四方（一里は五百メートル前後）の大岩を、極めて細い糸で織り上げた極上の柔らかな衣ですっとひと撫でると、ほんの僅か岩が削り取られる。

これを百年に一度ごとに繰り返し、遂に大岩が摩滅して跡形もなくなるまで時間をかけたとしても、それはカルパの長さに及ばない。

譬喩その二――四十里四方の街があるとする。その城壁に囲まれた街に小さく細かなマスタードの粒を入れ、一杯になるまで満たす。ここに極めて長寿の人がいて、百年に一度やってきてマスタードを一粒だけ取り除くとする。これを百年に一度ずつ繰り返せば、やがて遠い将来にマスタードの粒は遂に完全になくなる。たといそうなるまで続けたとしても、それはカルパの長さに及ばない（二つの喩えは大正新脩大蔵経第二十五巻・一〇〇頁下段の原文に基づく）。

ともかくこのように喩えられる超越的な長時間を一劫（カルパ）と呼ぶ。実にインド的な喩えと言うほかあるまい。これでは劫の長さを正確に数量化することができない。しかもその上に、「阿僧祇（数えられない）」という普通は抽象的で数値化できない時間を逆に数値化して示すのであるから、インドらしさ満載である。インド文化が時間の観念を超えているのは、こういうところにも現れている。

【劫と輪廻を実感できるか】　ここで、インドから仏教を受容した東アジアの時間感覚に話を進める。前近代中国人の時間の感覚について自信をもって断定することはわたくしにはできそうにない。しかし現代日本人の普通の感覚なら自らの感覚と照合して、ある程度まで言い表せそうに思う（ただ、それとて情緒的な印象論の次元に過ぎないかも知れないが）。思うに、現代日本人に阿僧祇劫を実感せよと言っても無理である。想像を絶する長期の輪廻を実感することも不可能である。さらに面倒なことに、インドに端を発した仏教は、嫌になる程までに長い時間の輪廻から脱するために、これまた嫌になる程までに長い阿僧祇劫のあいだ菩薩行をし続け、輪廻転生し続けよと説く。果たして現代日本人は輪廻を真に恐ろしいと実感できるだろうか。そこから解放されるためとは言え、想像すらできぬ時間に及ぶ修行をせよと言われても、その決心を菩薩の誓願に込められるだろうか。凡夫の菩薩として、どれ程の長さの修行なら堪えられるだろうか。はっきり断定するのは憚られるけれども、ほとんど現代日本人は「輪廻」という語には馴染みがあっても、それが何か現実味をもって自覚できる人は恐らく極めて少ない。二三世代前なら遡れるし、二三世代先も想像できるだろうが、それ以上になると、現実感がなくなり、想像すらできないのではないだろうか。

本節の二に述べたように、大乗か否かを問わず、インド仏教は一般に三阿僧祇却に及ぶ長い修行の果てに釈迦は仏になれたと信じた。それだけの長さ、文字通り「未来永劫」と言うべき長い間の修行を続けなければ人格の完成に至ることはできなかったはずだとの信念である。部派仏教のアビダルマ教理学においても、人間の煩悩には、知ることにより離れられる「理知的な煩悩」と、頭で理解しても体から抜けない「情意的な煩悩」の二つがあり、後者は極めて除去し難いとされた。「わかっちゃいるけど止められない」タイプの煩悩が我々にはあるとの信念である。大乗の修行観も基本は同じく、さらに、無数の衆生を救済する利他行は短時間では終わらないという菩薩行に特有の面もある。こう解釈してよいならば、菩薩行は、自利行としても、また利他行としても、阿僧祇劫に及ぶ長久の時間を必要とすると言うほかあるまい。

四、凡夫として生きるとは

第一章を閉じるに当たり、これまでに解説した事柄に基づいて、最後に、凡夫として生きることの意味を改めて考えてみよう。

直前の第六節においては、中国仏教史においては《聖者になれる人は多い》とみなす流れと、《聖者となることは非常に困難であり、この世で実際に聖者となれる人は極めて少ない》とみなす流れという二大潮流が同時代に併存したことを述べた。このうち、聖者は多いとする流れを示す文献には語り物的な性格が伴い、史実より脚色を優先させるような場合すらあった。これに対して、聖者になれる人は極めて少ないとする流れは、真摯で厳しい修行者の伝記に現れる傾向が大きいことを指摘した。真剣に修行をする人ほど聖者になることの困難を感じていたのだった。これに対応する事例をインドに遡ると、中観派の開祖の龍樹や瑜伽行派の無著ですら到達し得た階位は十地のうちで最も低位の初地に過ぎなかったことを指摘できる。つまりインド仏教史と中国仏教史の両方において、聖者となることは、理論的に不可能ではなくとも、実際に到達することは相当に困難であり、況んや通常の平凡な出家者や在家信徒は、凡夫として仏教を信じて生きる場合が圧倒的に多数だったと理解すべきである。

ところで、一方、現代の仏教徒はどのような思いを抱いているだろうか。日本人として自らの見聞を基にしながら現代日本における漠然とした印象を述べるならば、今の日本人には次のように考えている人がかなり多いと感じる――すなわち「仏教の祖国であるインドには、きっとたくさんの大乗の聖者がいただろうが、それに対して、日本では、特に中世鎌倉以降、凡夫の自覚をもって仏教徒として日々を生活することが日本仏教の最大の特徴である。凡夫意識こそ日本の特徴である」と。しかしながらインド仏教は聖者の仏教、日本仏教は凡夫の仏教という区別は、今は幻想に過ぎないことが本章を通じて理解できることであろう。インドの大乗仏教においても、修行者や信者のほとんどは凡夫だった。したがって凡夫意識という点に日本仏教らしさを見出すことはできないということをお分かりいただけるのではないだろうか。

これと同様に、誰でも仏になれるという言説が日本仏教の入門書に見られることも少なくない。しかしこれもまたあまりにも安直で、不適切であることを納得いただけるに違いない。確かに大乗仏教は仏となる可能性を掲げる。しかし誰でもこの世で簡単に仏となれるという意味ではない。確かに仏となることはできる。しかしそれを実現するには、阿僧祇劫や三阿僧祇劫と称される気の遠くなる程に遠大な時間に輪廻し続け、生まれ変わる度ごとに菩薩の修行を真摯に行い、少しずつ、少しずつ、自らの境地を高めてゆく必要がある。自らを凡夫と自覚し、菩薩としてずっと生きてゆこうと一大決心し、地道に修行する凡夫の菩薩であると自覚することにこそ意義があり、生きてゆく価値がある。――このことを本章に示した仏教の歴史は我々に教えてくれる。

第二章　文化の基層に行き渡る

前章では大乗の菩薩として生きることに焦点を当てて仏教の実践活動を論じた。第二章はこれ以降の四巻に対する序を兼ね、今後各執筆者によって描かれる内容への序章として、それぞれの主題を共有しつつ、わたくし自身の関心から論点を探ってみたい。その意味で本章でこれから述べる事柄は続く四巻への橋渡しであるが、議論を先取りするものではない。さらに詳しい内容については後続巻各執筆者の概説を是非お読みいただきたい。

仏教書に書いてあることは宗教や哲学に止まらない。仏教は論争術・文学・芸術・物理学などの科学・土木工学技術・政治への影響・医学・精神療法なども中に含む一大総合文化なのであった（船山二〇一三・vii〜ix頁）。仏教は現実社会と向き合う様々な様相をも呈した。この意味で第二章全体で伝えたいことがある。仏教の教えを実践しながら社会の中に現実に活動することは、社会の基層にまで浸透し、その文化の基盤を変革する力を有しているということである。

第一節　坐禅と無分別

本巻第一章と自然に繋がる内容として、まず菩薩行の内実である坐禅に関する事柄から始めよう。これは第五巻第一章に蓑輪顕量氏が扱う主題と繋がる。蓑輪氏は鎌倉時代の日本仏教教理学史を専門とする傍ら、仏教諸国における現代の僧団と実践的瞑想にも通じる。氏の論考は「坐禅」ないし「禅定(ぜんじょう)」をキーワードとして仏教の実践的瞑想修行の初期仏教における意義と、その後の展開、そして今現在、世界各地で行われている様々な実践法を解説する。

一方、わたくしが瞑想について扱える領域は限られている。インドの瑜伽行派における坐禅の実践と関わることのみである。瞑想の仕方やその対象についてインド瑜伽行派の著者が書いている内容を読むと、わたくしがまったくの素人、門外漢として中国や日本の禅仏教――具体的には特に臨済宗の禅法――について聞き及んでいる事柄と、かなりの程度で相違があるように感じられる。

一、坐禅と止観

坐禅とは坐る行為。坐ることそれ自体はじっと動かず不動を保つことであるから、行為と呼ぶのは奇妙かも知れない。しかし坐ることは身体的動きでないにせよ、身体を用いる肉体的な坐法であり、坐禅中の頭に去来するのは精神活動である。この意味で、坐ることを行為であると規定するのは理に適う。

本シリーズ第五巻第一章は「瞑想のダイナミズム――初期仏教から現代へ」と題し、坐禅による仏教的瞑想の伝統と現在を概説する。執筆者の蓑輪氏は現代社会において展開しつつある今の社会に対応する新たな瞑想について深い見識を有し、単著『仏教瞑想論』(二〇〇八)や監修編著『実践！仏教瞑想ガイドブック』(二〇一四)などを刊行している。

現代の新たな仏教の瞑想と言うと、「マインドフルネス」「ヴィパッサナー瞑想」などを思い浮かべる。これらはスリランカから東南アジアに伝播した、いわゆる上座部仏教（テーラヴァーヴァ・ブディズム）を背景とし、日本やアメリカにも実修者がいる。その指導に従事する人を執筆者に迎えれば、その人の習った伝統や新しい改良点などを示していただけるであろう。しかし逆に、他の流派の瞑想法を含む現代的な特色を全体として論ずることは難しいかも知れない。さらに言えば、瞑想は釈迦以来の長い伝統を持ち、かつ仏教修行法の核心と直結する。それ故、現代の瞑想法の特色を知るには、釈迦以来の伝統に対する知識も不可欠である。伝統と伝統に基づく現在の新たな仏教瞑想を総合的に概説する研究者として蓑輪氏は最適任である。

しかしながら一巻の全てを坐禅の実際に関する概説に充てることはできないため、限られた分量で多くのことに触れていただくのには難しい面もあろう。そこで本冊では、わたくしの知る限りで、過去の仏教における瞑想実習の要点に幾つか触れて、蓑輪氏の解説への導論としたいと思う。わたくしは仏教を研究する者の端くれであるが、坐禅との関わりから論ずることのできる事柄は限られている。本巻でわたくしが指摘しておきたいのは、主に以下の三点である。

1　坐禅は禅仏教の占有する実践ではなく、仏教のあらゆる学派や宗派が瞑想と何らかの関わりをもつ。したがって瞑想修行は仏教全体の根本と言える。

2　仏教の瞑想は「無分別」をキーワードとする。無分別をどのように体得するかが肝要である。

3　インド大乗仏教には伝統的瞑想法「止観（しかん）」があり、特に「観」に様々な要点が込められている。

【禅仏教以外の坐禅】　坐禅と言えば、人は禅仏教（禅宗）を思い浮かべる。しかし坐禅という行為それ自体は単に禅仏教の枠に収まる行為ではない。坐禅は禅の専売特許ではないのである。

確かに「禅」という語はサンスクリット語のドゥヒャーナ *dhyāna* とパーリ語のジャハーナ *jhāna* に相当するインド語の音写語「禅那」の省略形である。そしてインド語の意味が心を安定させること――「定」――であるため、音写語とその意味を合わせて「禅定」と呼ばれる。禅仏教は中国で成立したが、禅そのものは中国でなく、インドを起源とするのが確かである。

因みに禅定のように音価と意味を併記する訳語は、一般に「梵漢双挙」と呼ばれる。梵漢双挙の漢訳例として、「禅定」のほか、「鉢盂」「偈頌」「三昧正受」などがある。

禅仏教における坐禅は単に坐るに止まらず、看話禅と呼ばれる師匠と弟子の対話・問答を極めて重要な契機とする。それ故、坐禅をし始めたばかりの初心者が行うことをもって禅宗の坐禅のすべてであるとみなすなら、それは大きな誤りである。禅宗の修行者はじっと坐っていればそれでよいのではない。行住坐臥の一挙手一投足、あらゆる行為の端々にまで禅が浸透して始めて悟りに近づけるとしばしば言われる。

しかしそうであるとしても、再び入門者向け坐禅に話を戻すと、坐禅で「無念無想」の状態に至るための方法として、初歩的な禅の作法がある。数息観と随息観がそれである。

坐禅の基本として腹式呼吸で一から十までを心の中で数え、また一から十を数えることを繰り返す実習法を「数息観」と言う。そして数える行為に束縛されず、数えることからも自由となり、ひたすら呼吸する現実を観察する実習法を「随息観」と言う。この二種は、坐禅の初歩の段階として、しばしば説かれる方法である。

無念無想とは、雑念からの解放である。これを目指す坐禅は、インド仏教文献の説く禅法の伝統と必ずしも一致しない。端的に言うと、無念無想は瞑想の全容とかなりの程度で異なりがある。このことを我々は認識しておくべきである。

【精神統御の二側面】 インドの宗教文化における精神統一・心的制御・瞑想・観想の類いには、実は大別して二つの異なる面がある。

第一は、「無念無想」を目指す精神制御である。例えば仏教以外の伝統学派の一つであるヨーガ学派は、『ヨーガ・スートラ』の冒頭にヨーガ（*yoga* 心の制御）をこう定義する。

ヨーガとは心の諸機能の止滅（*cittavṛttinirodha*）である。

ここで言われる「心の諸機能の止滅」は、雑念や心の散乱状態から解放され、心が静まることを表す。いわゆる「無念無想」の状態も同じい。これは心の（無駄な）動きを停止して雑念を起こさない状態を指す言葉である。

第二は、何らかの宗教的な真理・真実あるいは仏や菩薩に心を繋ぎ止め、ひたすら観想することである。これは「無念無想」とは異なる精神活動を含む言葉である。

前者が雑念からの解放という心の消極的はたらき、通常状態の精神機能の停止であるのに対して、後者は特定の対象を思い続けて実体験するという心の積極的はたらきである。これは通常ならざる精神機能の発動である。視覚に喩えれば、何らかの対象を映像化し、ありありと実体験することである。

第二の瞑想を仏教に即して具体的に例示すると、例えば「念仏」がそれである。なお「念仏」の仏教における本来の意味は「南無阿弥陀仏と題目を唱えること」ではなく、「仏の姿を、経典に説かれる通りに知り、その仏の様子をずっと思い続けること」である。「心を仏から片時も離さないこと」と表現してもよいであろう。そのあり様を原典では「瞑想することによって仏が目の前にありありと現れ出てくる」とか、八世紀の学僧カマラシーラ（後述）が描くように、「まるで眼の前にあるかのように見る」(*puro 'vasthitam iva paśyati*) などと言い表す。

一つの例を挙げて確認しておきたい。インドの初期大乗経典を代表する『般舟三昧経』は、阿弥陀仏を観ずる般舟三昧（現在の諸仏の面前に立つ〈行者の精神統一〉と言われる三昧）を次のように例示する。

> バドラパーラよ、これらの諸徳がかの三昧を生じさせるのである。では、これらの諸徳によって生じさせられる三昧とは何であるかというと、すなわち、現在の諸仏の面前に立つ〈行者の精神統一〉といわれる三昧である。
>
> バドラパーラよ、現在諸仏面前立三昧（般舟三昧）とは何であるか。バドラパーラよ、比丘であれ、比丘尼であれ、優婆塞（在家の男信徒）、優婆夷（在家の女信徒）であれ、戒を完全に行じている

者は、一人で閑静な所に行って坐って、「世に尊き（世尊）、如来、供養にあたいする（応供・阿羅漢）、正しく完全にさとられた（等正覚）かの阿弥陀（無量寿）仏はどの方角に住み、時を過ごし、とどまり、教えを説いておられるのか」という思いを起こさねばならない。彼はいままでに教えられたように、「この仏国土より西の方角に、百千コーティの仏国土（漢・千億万仏刹）を経たところにある、スカーヴァティー（須摩提、安楽国、のち極楽）という世界にかの世尊・如来・応供・等正覚なる阿弥陀仏が現在、菩薩たちの集まりに囲まれ、仕えられ、時を過ごし、とどまり、教えを説いておられる」と憶念し、そして散乱しない心を如来に集中する。

バドラパーラよ、たとえば、男にせよ女にせよ、誰かが眠っていて夢の中で、物の形を見るとしよう、銀とか金とか、友人、同族、親戚、仲間、快いもの、愛しいもの、愉快なものなどを見て、彼は夢で、彼らと共に遊び、喜び、娯楽し、話し、雑談する。夢から覚めて、彼は〔夢で〕見たり、聞いたり、考えたり、知ったり、語ったり、雑談したりしたことを、他の人たちに告げる。彼は夢の有り様を思い出して涙を流すであろう。

ちょうどそのように、バドラパーラよ、在家であれ出家であれ、菩薩は、ひとりで、閑静なところに行って坐り、教えられたように、如来・応供・等正覚なる阿弥陀仏に心を集中する。戒律の諸要素において過失なく、憶念に乱れなく、一日一夜、二、三、四、五、六、七日七夜、心を注ぐ。もし彼が七日七夜、心に散乱なく、阿弥陀如来を憶念するならば、七日七夜を満たしたのちに世に尊き阿弥陀如来はその顔を〔彼に〕示すのである。

（以上は梶山雄一訳。梶山雄一「般舟三昧経――阿弥陀仏信仰と空の思想」、吹田隆道（編）『梶山雄一著作集　第六巻　浄土の思想』二〇一三、一二七～一二八頁より引用）

ここには阿弥陀仏を観ずる行者が経典に説かれている阿弥陀仏を学習し、その通りに精神集中して憶念し続けた結果、阿弥陀仏を目の当たりにする体験が起こると説かれている。同時にまた、この一節は夢の喩えと繋がる点において、本冊の序第五節に述べた夢の意義とも関わる。

【止と観】　このような瞑想の二面性を最も端的に言い表す術語がある。それが「止観（しかん）」である。「止観」はサンスクリット語で *śamatha-vipaśyanā* と言い、「止」（シャマタ *śamatha*）と「観」（ヴィパシュヤナー *vipaśyanā*）という二つの要素から成る。

「止観」はインド仏教のサンスクリット語原典に頻繁に現れる瞑想を示す要語である。中国仏教でも同様に頻用される。隋の智顗（ちぎ）が確立した天台の書に『摩訶止観（まかしかん）』と『天台小止観』（『童蒙（どうもう）止観』とも）があることは、多くの人が知っているであろう。

インド仏教の瑜伽行派が普通に用いる語義を説明しておくならば、「止」はシャマタすなわち動詞シャム√*śam*（止める、停止する）の派生名詞であり、心の鎮静・心機能の停止を意味する。これは右掲『ヨーガ・スートラ』における「心の諸機能の止滅」と同義である。

一方、「観」はヴィパシュヤナーすなわち動詞ヴィ-パシュ（*vi√paś* 見る、観察する、観想する）の派生名詞であり、真理や尊格をありありと見ること・実体験することを意味する。

「止観」は「止」と「観」を合わせた精神統御法である。このことは、しばしば「止観双運（しかんそううん）」という語で説明される。すなわち「止観」は「止」と「観」とを、ちょうど車の両輪のように一緒に進めることが肝要である。「止」に偏れば、雑念は拭えても、真理を実体験する肯定的な宗教体験に至れない。他方、「観」に偏れば、雑念が残存することにより、真理を実体験できず、単に妄想を膨らますだけとなってしまう。このように両端に偏ることを戒める警告を発すべく、「止観双運たるべし」と説かれる。「止観」については、本節の三において八世紀インドの学僧カマラシーラが解説する坐禅法を紹介する際、再び取り上げるつもりである。

【現代語「瞑想」その他】　因みに参考までに補足すると、現代日本語で「瞑想」（また「冥想」）という場合、その意味は再び『広辞苑』第七版によれば、「目を閉じて静かに考えること。現前の境界を忘れて想像をめぐらすこと」と説明されている。古典漢語を読むための漢和辞典として定評のある『角川新字源　改訂版』（小川環樹・西田太一郎・赤塚忠編）も同様に、「瞑想」を「目をつぶって静かに考える」と説明する。「冥想」もほぼ同じく、「目を閉じてじっと考える。(同)瞑想めいそう」とある。これらはすべて目を閉じるという点で共通する。その理由は単純である。漢字「瞑」が「目をつぶる」という意味だからである。――どうして細かなことをくどくど書くのかと叱咤されそうであるが、わたくしが敢えてこだわりたいのは、現代語の「瞑想」を使う時、それがもし必ず目をつぶることを含意するならば、仏教で行うべき「坐禅」を表す適切な現代語とは言えない。なぜならば坐禅は半眼（はんがん）が原則だからである。完全に目を閉じて自らの中に閉じこもってしまうことをよしとしない。言葉の実質的な語義として、坐禅は瞑想ではないのである。

いわゆる「坐禅」の類語は、「端坐」「宴坐」「燕坐」「結跏趺坐」「半跏趺坐」などである。「端坐」は正しい姿勢で坐ること。「端坐」は「正坐」と同じである。両膝を追って坐る正坐も意味し得るが、坐禅の文脈で用いる時は「結跏趺坐」を指す。「宴坐」と「燕坐」はゆったりと坐ること。くつろいで坐るという意味にもなるが（しかし宴会で胡座をかくことではない!）、坐禅と関わる文脈では「端坐」「結跏趺坐」と同じ意味を表す。「結跏趺坐」はインド特有の坐法であり、両足裏を上に向けて足を組む。「蓮華坐」とも言う。サンスクリット語で「パリアンカ *paryaṅka*」または「パリアンカ・アーサナ *paryaṅkāsana*」と言う。アーサナは坐法の意。両足でなく片足のみ足裏を上に向ける坐法を半跏趺坐と言い、サンスクリット語で「アルダ・パリアンカ *ardhaparyaṅka*」と言う。これは結跏趺坐に準ずる略式坐法である。

二、無分別ということ

直前の項で「止観」を説明した際、「止」とは心の雑念を消す機能停止であることを述べた。仏教の修行論には煩悩や執着を離れる・雑念を起こさない・現実をあるがままに見るなどを重視する傾向があり、とりわけそれは大乗仏教に顕著である。それを表すキーワードが「無分別」ないし「無分別智」である。

改めて言うまでもなく、日本語の通常の用法として「分別」は社会性を弁えた大人の分別として肯定的に評価される。逆に無分別は、分別のない子供の身勝手な思いを示す。つまり分別は好ましく、無分別は好ましくない。ところがこうした現代日本語は仏教で伝統的に意味する分別・無分別とまったく逆である。仏教では分別することは思い迷うことや悩みの元であり、煩悩から自らを解放するために無分別になること、分別のもたらす弊害から解放され、自由自在となることを目指して修行するのである。

　在家の偉大な仏教徒ヴィマラキールティ（音訳は「維摩詰」）の行動と発言を主題とする著名な大乗経典の『維摩経』に、分別のもたらす弊害の喩えがある。『維摩経』にはサンスクリット語原典も含め数種類あるが、最も卑近な鳩摩羅什訳『維摩詰所説経』によって説明すると、「観衆生品」という章に天女が美しい花びらを空中から散らすと、大乗の菩薩の身に触れた花びらはそのままひらひらと地に落ちたが、仏の直弟子の中で智慧第一と称えられた舎利弗（シャーリプトラ）ら大声聞の身に触れた花びらは、舎利弗の衣に着いたまま、地に落ちない。懸命に花びらを振り落とそうとするが、徒労に終わる。そこで天女が言う。

> 花びらは想念を起こしたり分別したりしないのに、長老舎利弗よ、あなたに分別心があるから花びらが身に付着して落ちないのです。（大正新脩大蔵経第十四巻・五四七頁下段〜五四八頁上段）

　天女の散らす花びらは、物事のありのままを示す。それが衣に触れてもそのまま地に落ちるとは、無執着心の喩えである。一方、舎利弗が花びらを振り落とそうとするのは分別心を喩え、どうしても振り落とせず衣に着いたままとなったことは執着心を喩えている。菩薩の身には花がくっつかないのに舎利弗はそうでないことは、大乗は無分別を体得しているから執着心に悩まされることがないのに対して、小乗では無分別の深い境地にまだ完全には到達できないために執着心から解放されないということを、比喩的に示している。

『維摩経』と同じく無分別を重視する見方は『般若経』など他の大乗経典にも頻繁に見られる思想である。大乗仏教は、実に様々な局面で無分別という心の状態がもたらす価値を説いているのである。

【否定すべき分別】　大乗の時代が進み、経典のみならず論書（仏教思想書）が著される時代になると、分別とは何かをきちんと定義する努力が始まった。大乗の瑜伽行派で分別を定義した早期の学僧にディグナーガ（Dignāga 陳那、大域龍、約四八〇〜五四〇頃）が現れた。さらにその後、ディグナーガの思想を承けて展開した七世紀の学僧ダルマキールティ（Dharmakīrti 法称）は、目で見たり、耳で聞いたりする直接的な感覚と分別の関係、そして分別の性格を整理し、次のように定義した。

直接知覚の定義

その〔直接知覚と推理という二種の正しい認識手段の〕うち、〔目で見る、耳で聞くなどの〕直接知覚（*pratyakṣa*）は、分別を離れ（*kalpanāpoḍha*）、誤りがない（*abhrānta*）。

分別の定義

分別（*kalpanā*）とは、言語表現と結び付く可能性のある心的顕現を伴う認識（*abhilāpa-samsarga-yogya-pratibhāsā pratītiḥ*）である。

（ダルマキールティ『正しい論理の精髄 *Nyāyabindu*』第一章第四・第五スートラ）

これ以降、ダルマキールティを受け継いだ瑜伽行派の学僧たちは、分別とは言語表現と結び付く可能性のある認識であると規定し、一方、目で見る、音を聞くなどの直接経験には分別は含まれない、それゆえ、直接知覚した事柄そのものを言葉で言い表すことは決してできないとみなした。ここで小さな補足を加えておくと、分別に関して「言語表現と結び付く可能性のある」と「可能性」をも含める理由は、生まれたばかりの嬰児はまだ言葉を話せないが、将来その可能性があるから、嬰児も分別心をもっていることを示す。

ダルマキールティの定義は理論的に周到な形式を備えているが、彼の言わんとする趣旨は彼の創案でなく、以前から大乗思想に存在していた考えを、うまく整理して定式化しただけに過ぎない。およそ大乗の経典や論書は我々が分別から逃れられないことが煩悩に悩まされる原因であることや、究極の真実を言葉で表現することは不可能であることを諸処に説き示している。例えば人口に膾炙する「言語道断」という語も、真理を示すためには言葉という方途など存在しないということを述べる句である。大乗思想の根底には直接体験の重視と、言葉と分別――頭で勝手に思い計らうこと――への根本的不信とがある。直接知覚は見えたまま、そして聞こえたままの、一瞬限りの知である。そしてモノを見たすぐ後に生じる「これはナニナニだ」という判断や、頭であれこれ思い計らい言葉で表現する事柄はすべて虚偽であると断じ、分別知を徹底的に批判し、否定する。

【除去すべき無価値の分別と修行に役立つ分別】　このように大乗仏教では、妄想を離れて無分別の心を重んずるのは間違いないとしても、頭で思い計らうことの一切合切を否定するわけではない。直接体験したことを後に頭の中で思い返して判断したり、価値づけしたりすることは正に否定すべき分別である。このような分別をサンスクリット語で「ヴィカルパ *vikalpa*（「思い計らうこと」または「思い計らった事柄」の意）」と言い、その心の働きを「カルパナー *kalpanā*（概念的に構想すること）」と言う。

これに対して、仏の教えと異教徒の教えとの違いに考えを巡らし、どちらが正しくどちらが誤っているかを弁別・区別・判断することは、仏典でしばしば推奨されている。その場合、サンスクリット語で「ヴィバーガ *vibhāga*（弁別、選別、選り分け）」または「ヴィバンガ *vibhaṅga*（弁別、区別）」のいずれかを用いるのが常である。興味深いことに、「ヴィバーガ」も「ヴィバンガ」も漢訳仏典においては「分別」という語で言い表す。従って漢訳者たちにとって否定すべき分別と推奨すべき分別とは、言葉の次元で、密接に繋がっていると理解すべきである。

なるほど確かに「ヴィバーガ」も「ヴィバンガ」も理性的判断であるとしても、結局のところ、頭で思考することであるから、見たまま聞こえたままを直接体験するのとは異なる。したがって仏の教説を「ヴィバーガ」したり「ヴィバンガ」したりすることは、事態のあるがままの認識とは異なる。しかしながら、物事の正邪・真偽をはっきり区別して、誤った考えに振り回されることがなくなるという点から言えば、「ヴィバーガ」や「ヴィバンガ」としての「分別」には、有用性があると仏教は認める。仏書の題名としても、例えば瑜伽行派の早期の典籍に『分別瑜伽論（原題は「ヨーガアーチャーラ・ヴィバーガ *Yogācāravibhāga*」）』と『中辺分別論（原題は「マディヤ・アンタ・ヴィバーガ *Madhyāntavibhāga* 中正と両極端との弁別」）』がある。また、中観派の中期の論書に『二諦分別論（原題は「サティヤ・ドヴァヤ・ヴィバンガ *Satyadvayavibhaṅga* 真実二種の区別」）』という論書があり、その著者は八世紀前半頃のジュニャーナガルバであった。

さらにまた、出家者が守るべき教団規則を説く『律』（ヴィナヤ）には、「経分別」と漢訳される術語があり、律条文の解釈ないし注釈を意味する。この語はサンスクリット語で「スートラ・ヴィバンガ *sūtravibhaṅga*」、同義のパーリ語で「スッタ・ヴィバンガ」と言う。これは律の内容を正しく理解することであり、やはり否定すべき精神活動ではない。

このように漢語で一概に「分別」と言っても、無駄で無価値であるが故に除去すべき分別と、仏教以外の誤った教えから区別し、正しい教えを選別する手段として評価すべき、仏教の修行にとって有効な分別とがある。後者の分別は、真実のありのままを直接体験する坐禅の一連の過程において有意義であることがインド仏教文献の中で説かれている。そこで、ひとまずここまでを一区切りとして、次に、坐禅の作法と手順について、解説をさらに進めることとしよう。

三、無分別の体得――カマラシーラの禅法

否定すべき分別と効用を認めるべき分別、この二つの面を、思い計らう概念的思考はもつ。このことは、仏教で真理・真実を観ずる精神集中を行う際、修行者は坐禅によって一体どのような精神活動を行うのかを知るための要であるので、以下に、この点に注意を向けて、カマラシーラ（約七四〇～七九五頃）が説いた坐禅論を概説する。

カマラシーラは八世紀の後半に現在のビハール州の大寺院で修行し論書を著したインド人学僧である。師のシャーンタラクシタ（約七二五～七八八頃）と共にインド大乗の二大学派である瑜伽行派と中観派の両方の学説に通じた。彼らの掲げた立場は、現代の研究者たちに「瑜伽行中観総合学派」という名で呼ばれることが多いが、以下に紹介するカマラシーラ著『ブハーヴァナー・クラマ *Bhāvanākrama*（「反復実習の順序」の意）』は瑜伽行派の立場から論述されている。

坐禅について論ずる際、カマラシーラは広い意味で坐禅する方法・手順を三段階に分ける。

カマラシーラの実践論においては、六波羅蜜の中の「智慧波羅蜜」――すなわち「智慧の完成」、さらに言い換えれば「完全な智慧」――の体得を目標に掲げる。

智慧は聞（もん）（聴く）・思（し）（考える）・修（しゅ）（繰り返し実習する）という三種の側面から成る。これらを順に、

1　聞所成慧（もんしょじょうえ）……経典の教えを、聴聞して学ぶことがもたらす智慧
（聞もて成る所の慧。経典を聞くことによって成就する智慧）

2　思所成慧………聴いたことを、頭で反芻し批判的に考え抜くことがもたらす智慧
（思もて成る所の慧。考え抜くこと・〔論理的に〕思考することによって成就する智慧）

3　修所成慧……考え抜いて確信に至った事柄を、坐禅の中で反復実習することがもたらす智慧
（修もて成る所の慧。坐禅する中で繰り返し何度も反復実習することによって成就する智慧）

と言う。このように、経典に説かれている内容を字義に即してしっかり理解することから始めて、それを徹底的に考え抜くことで教えに対する確信を得た後、最後に坐禅をし、正しい確信した教説を反復実習することによって現実化し、わが身でありありと実体験するという順序で、智慧を磨いてゆけと、カマラシーラは説く。第三の修所成慧は「解脱」すなわち悟りを得た時点で完成する。

こうして聞所成慧と思所成慧の二つを準備的段階として、第三の修所成慧の段階で反復実習（＝修＝瞑想）を実践する。それは精神統御を意味する術語で説明するならば、上述の「止」（シャマタ　心を沈静化させること、音訳「奢摩他」）と「観」（ヴィパシュヤナー　真実・真理を正しく観察し、ありありと実体験すること、音訳「毘鉢舎那」）の二種から成る。

カマラシーラは、それぞれを別の言葉で言い換えた解説も施している。まず「止」とは、精神集中（*cittaikāgratā* 漢訳「心一境性」）である。他方、「観」は、「真実を個別観察すること」（*bhūtapratyaveks[an]ā*）と定義される。さらに「真実」とは何かと言えば、それは「人無我」（人間には「我」すなわちアートマン *ātman* など無いこと。アートマンとは輪廻転生を越えて存在し続ける個我、永遠不滅の人格主体）及び「法無我」（存在する諸事物には固定的な本性など無いこと）である。

さらにまた、「止」と「観」とにおける分別の有無に関しては、「止」は無分別であり、「観」は有分別であるということを『解深密経（げじんみっきょう）』の教説に基づいて説いている。

「止」と「観」を実践する順序はどのようかと言うと、まず「止」を実施し、心の沈静を得る。これによって無分別の状態に入る。これが「止」の達成である。次にその後、「観」を実践して「人無我」と「法無我」の教えを対象とする。特に後者を主として、「一切法は無自性なり――現象として存在する諸事物には、永遠不変の本性など存在しない」と観察してゆくとカマラシーラは解説する。

以上、「止」「観」を「双運（そううん）」させて、すなわち車の両輪のように同時並行的にうまく働かせて、真実を実体験せよと、カマラシーラは述べる。この過程において、一つ疑問が生じるかも知れない。それは聞所成慧・思所成慧・修所成慧の三種のうち、前の段階から次の段階に移行するのはどのような状態の時かである。聞所成慧から思所成慧に移行する段階は恐らく問題あるまい。聞所成慧は経典を学習し、その意味を逐語的に理解すること。だから十分に理解した時点で思所成慧に移行して経典の表面的な意味を離れ、経典の実質的な意味内容を自分の頭で論理的に分析する。両者の境界線は、経典の意味が分かったと思えたかどうかである。このような聞所成慧から思所成慧への移行よりもさらに問題となるのは、思所成慧から修所成慧への移行であり、正にこの点に、カマラシーラの時代に十分に発達した解釈を『ブハーヴァナー・クラマ』は説き明かしている。

『ブハーヴァナー・クラマ』は、第一篇・第二篇・第三篇の三篇から成る。三篇の順序は修行順序を表すのではない。ほぼ同内容の教説を別の機会に三度説いたため三篇となったと理解されている。このうち『ブハーヴァナー・クラマ』第一篇は、聞所成慧・思所成慧・修所成慧の移行について次のように説明する。

> そこでまず最初に聞所成慧を起こすべきである。というのも人はまず、それによって〔経典の説く〕教えの意味内容をしっかり確定するからである。
>
> その後、思所成慧によって〔経典に説かれている事柄のうち〕字義通りに受けとめてよい事柄と解釈を加えて理解すべき事柄とを〔区別して〕理解する。それからそれ（＝思所成慧）によって真実の対象を確信した上で（*niścitya*）、それを反復実習すべきである。真ならざる〔虚偽の対象〕は〔反復実習すべきで〕ない。というのも、さもなくば、正反対の〔誤った〕対象まで反復実習してしまう〔という望ましくない結果となる〕から、そして心の迷いが除去されないから、正しい認識が生じることはないであろう。それゆえ反復実習は無意味となろう。……中略……それゆえ思所成慧によって、論理と教説によって個別観察した上で、その同じ、事物の本来の姿という真実〔の対象〕を反復実習すべきである。そして諸事物の本来の姿は真実には無生にほかならないということは、教説と論理とに基づいて確定されるのである。
>
> （*Bhāvanākrama* I〔*Minor Buddhist Texts Part I*, edited by Giuseppe Tucci, Roma : Is.M.N.E.O, 1956〕, p. 198, ll. 10–15 ; p. 198, l. 21–p. 199, l. 2）

以上の一節から、思所成慧を終了する瞬間は、真実の対象を思考し続け、その対象に関して教説と論理に基づく確定的な決定が生じた瞬間であるということが分かる。より簡潔な表現であるが、同じ内容を、『ブハーヴァナー・クラマ』第一篇は別のところで次のように言い換えている。

このように思所成慧によって真実の対象を確信してから、〔次に〕それを直接知覚として実体験するために（*pratyakṣīkaraṇāya*）修所成慧を起こすべきである。

（*Bhāvanākrama* I 204, 11–13）

またさらに、『ブハーヴァナー・クラマ』第三篇に別の表現を用いて次のように言い換えられている。

聞所成慧と思所成慧によって知られる対象とまったく同じ〔対象〕を修所成慧によって反復実習すべきなのであって、別な〔真ならざる、虚偽の対象を反復実習すべきでは〕ない。

（*Bhāvanākrama* III〔*Minor Buddhist Texts Part III*, edited by Giuseppe Tucci, Roma：Is.M.N.E.O, 1971〕p. 20, ll. 3–5）

さらに補足するならば、インド仏教の最後期に活躍したモークシャーカラグプタ（十一世紀または十二世紀）は、仏教哲学の綱要書『タルカ・バーシャー *Tarkabhāṣā*（論理のことば）』の中で、ヨーガ行者の直接知覚を解説する際、瞑想の対象である「真実」とは四諦（四種の現実、四種の真実。すなわち苦諦、集諦、滅諦、道諦）であると説明し、その上で次のように続ける。

われわれは、心理的、物質的な五要素（五蘊。物質・感覚・表象・行為・認識）の本性は刹那滅であり、不浄であり、自我をもたず、苦しみであると理解しなくてはならない。それも、「およそ存在するものは刹那滅的なものである……」というような推理をとおし、確実な認識方法と一致するものとして確信しなければならない。

（梶山雄一訳。『世界の名著2　大乗仏典』、一九七八、四七二頁より引用）

そしてさらに、このようにして正しい手段によって知られた対象を、くり返し、くり返し、心に思い浮かべると、その極限状態に達した瞬間に、修行者には、分別を離れ、誤りのない認識が生じると、モークシャーカラグプタは説明する。

これと同じ内容のことを、モークシャーカラグプタより数世紀前のカマラシーラが既に述べている。すなわち、修行者は、一切の現象的存在は瞬間的なものである（生じた瞬間に滅する）ということや、一切は空である（永遠不変なる固有の本性など持たない）ということを、思所成慧の段階では、推理を正しく行うことによって知る。そして逆の主張である「一切の現象的存在は永遠不滅である」や、「一切の事物は永遠不変の本性を持つ」は、論理的に成り立ちようがないことを確定し、確信するに至る。しかしながら、このような思所成慧の段階では、誤った主張を排除・否定することはできても、「瞬間的なものである」「空である」という仏の教えは、あくまで消去法として残るに過ぎず、それらを直接的な自己の経験として、ありありと肯定的に実体験することはできない。それ故に、思所成慧の段階はまだ不十分であり、次に修所成慧に進む必要がある——このようにカマラシーラは『ブハーヴァナー・クラマ』の中で説明している。

こうして確定的な決定が心に生じたところで、修行者は、修所成慧に突入する。その境界となる状態として、既に引用した一節にあったように、頭で思考してきた対象を分別（概念的な構想）としてでなく、ありありとした直接知覚として実体験する段階に移行するのである。では、ありありとした実体験が得られたかどうかはどうして分かるかというと、カマラシーラや彼が基づいたダルマキールティの論書は以下のように説き示す。すなわち、直接知覚には分別による束縛がない。しかしどうして分別を離れた境地に達したと分かるかと言えば、それはありありとした実体験の自覚である。言い換えると、修所成慧における観察対象が「鮮明」（*spaṣṭa/sphuṭa*）なものに変質すること、すなわち「（知が）鮮明なる顕現を有すること」（*spaṣṭapratibhāsitva*）が、無分別であることを示す基準となる。そして認識の鮮明性を論点とした最初の仏教思想家はダルマキールティであったことが既に解明されているから、カマラシーラに至るこのような瞑想理論の形成は、少なくとも七世紀にまで遡ると言える。

『ブㇵーヴァナー・クラマ』を読むと、著者カマラシーラが「止」と共に「観」を重視したことが様々の箇所から分かる。「観」とは単に雑念を消すことではない。雑念を消した静まった心で真実や真理をあたかも目の当たりにするかのように実体験すること、リアライズ realize し、ヴィジュアライズ visualize することである。「止」によって雑念をふるい落とすだけでは仏教修行として不十分であり、悟りの智慧は生じない。とりわけ『ブㇵーヴァナー・クラマ』第三篇においてカマラシーラは「心に思い続けることをしない状態」（*asmṛti* 無念）と「何か特定の事物に心を傾けることから自由な状態」（*amanasikāra* 無作意、無想）を実習するだけでは不十分であり、「真実の対象を個別観察すること

(*bhūtapratyavekṣā = bhūtapratyavekṣaṇā*)」つまり「観」が、坐禅に必須であると説いている。もし「観」は不要であって、「止」を実行して雑念を生じないだけでよいなら、それでは失神状態や昏睡状態と何も変わらないでないか、そんなものは修行ではない、このことをしかと心得よ、と言うのである。

カマラシーラの意図をさらにかみ砕いて言うとこうなる——。まず経典を学習せよ。そして経典に書いてあることの意味を正しく理解せよ——これが聞所成慧の段階である。そして経典の意味は十分に理解できたと確かに思えるようになったら、次に思所成慧に入れ。すなわち経典の文字を離れ、経典の真意を、論理的に自ら納得するまで思考し続けよ。そうすると、その最終段階で、経典に書いてある教えのみが正しいのであって、仏教徒以外の者たちが主張しているような事柄は論理的にあり得ない、まったく成立しようがないと、確信できる状態に至る——この確信が得られたら、思所成慧の段階は完成する。そして最後に、修所成慧の段階に入れ。思所成慧とどこが変わるかと言えば、思所成慧によって分かるのは、経典の教え以外は成立しようがない誤りだということを概念的に知ることのみであり、それはまだ分別の段階であるから実体験とは無縁の頭で考えた論理的可能性のみの次元である。そこで今度は、頭の中で思考するのでなく、直接知覚という無分別智によってありありと実体験する——宗教体験、神秘体験——するために修所成慧を繰り返せ。そして最後に、それまで観察していた対象がありありと鮮明化した姿で心の中に現れれば、その瞬間に、瞑想修行者はゴールに到達したのだ。——これがカマラシーラの説き示した禅法の実践修行である。

さて、わたくしは直前の「一、無分別ということ」の最後に、分別には除去すべき悪い分別と、仏教修行において積極的に用いるべき役に立つ分別の二種類があると説明した。そのことと繋げて解説するならば、「観」とは正に積極的に用いるべき、役に立つ分別にほかならない。

カマラシーラは、「止」を前提とし、それを基盤として「観」を積み上げ、それを実践してゆく。カマラシーラはこの過程を詳細に説明する。それは、外界は存在せず、すべては心に映った映像に過ぎないという瑜伽行派の説をわが身で実体験してゆく過程である。その要点を述べれば以下のようになる。

通常一般に外界の存在といわれる認識対象を、諸原子に分析し、さらに原子を四方上下の六方に分解することによって、原子論が成立し得ないことを知る（詳細は省く）。その結果、外界の対象はなんら成立し得ず、まったく存在しないことを知る。これにより、物質的対象への執着を捨て、存在するのはわが心のみであることを知る。ところで、外界の対象が非存在である以上、心に映る対象像（認識の客体）も虚偽であり、実在しない。それがない以上、認識対象との相対関係においてのみ成立する認識主体も存在しない。従って、主体と客体の区別は虚偽なのであり、心は本来は主客未分の輝ける一者であるが、その不二の心も真実には不生にして無自性空である、と。

こうして「止」と「観」の一方に偏ることなく、うまく均衡を保ちながら両者を実践し続けると、その結果、無漏の智慧が生じ、部派仏教でいうところの「見道」に突入すると、カマラシーラは説く。そしてそれは、部派仏教では「見道」と言うが、大乗仏教の説く菩薩の十地の修行体系では「初地」（歓喜地、喜びに溢れた地）に相当し、『解深密経』の説に合わせれば、「事物の究極状態」（*vastuparyantatā*）と呼ばれている状態に対応する。

カマラシーラが詳しく具体的に論述するのはここで終わる。

その後は、止と観とを、車の両輪のように同時並行的に実践しながら、十地をひとつずつ登ってゆき、最終的にはすべての煩悩の残り香をはなれ、転依（てんね）（根本的な存在基盤の転換）を実現し、ブッダの境地に到達する。これは『解深密経』が「為すべき事柄の完成」（*kāryaniṣpatti*）と言う境地と同じである。

四、悟りの瞬間

坐禅を通じた宗教体験と現代を結びつける視点として、もう一つ、悟りを開いたと自覚した人々の記録に触れておきたい。わたくし自身は残念ながらそれに類する経験は一つもないから、個人的な評価を下せるようなことは何も持ち合わせていない。ただ、現代社会において悟りを開いた自覚を抱き、それを記録している人がいるのは、誇張された伝承を色濃く含んでいるかも知れない遠い過去の話とは異なり、同じ時代からの発信として耳を傾けるべき点があろうと想像する。

まず、現代ではなく前近代を対象とするが、現代の心理学に基づいて悟りの体験を分析する論述として、恩田彰「禅と創造性」（一九七九）の一節を引用し紹介したい。

釈尊は十二月八日あけの明星が東の空に輝くのを見て見性成仏され、加葉［迦葉］尊者は、世尊が金婆羅華という花を見せられたとき悟られた。徳山［徳山宣鑑、七八〇〜八六五、中国唐代の禅僧］は手にしていた蝋燭の火を師の竜潭和尚に吹き消されて、真っ暗になった瞬間、忽然として大悟し、倶胝［中国唐代の禅僧］は天竜和尚が指を一本たてて出されたのを見た瞬間において大悟した。道元［一二〇〇～一二五三、日本曹洞宗の開祖］は、早暁の坐禅で、たまたま坐睡していた一人の僧を、如浄禅師が警策をもってたたき、厳しく叱責した。そのとき忽然として大悟した。夢窓国師［夢窓疎石、一二七五～一三五一、臨済宗の僧］は、夜眠くなって背後の壁によりかかろうとして、そこに壁がなくて、ひっくり返った。その途端に悟り、趙抃［一〇〇八～一〇八四、中国の北宋時代の官僚］は、自分の机に向かって坐っていたが、雷が鳴るのを聞いて悟った。玄沙［玄沙師備、八三五～九〇八、中国の禅僧］は山路でとがった石につまずき、痛さのあまり「痛い」と叫ぼうとして悟った。ある病気の婦人は、眠れぬままに横になっていたとき、戸外で木の葉が風に吹かれてさらさらと鳴る音を聞いて、悟りを開いた。また霊雲志勤禅師［中国五代の禅僧］は、あるとき桃の花を見て悟りを開いた。そのとき三十年間追い求めていた問題が解けたという。黄山谷は晦堂祖心禅師に参禅した。晦堂は「あなたがよく知っておられる孔子の言葉に『二三子、我を以て隠せりとなすか。吾れ爾に隠すなし』とあるが、これは禅の特色をよくいい表している。この句をどう解されるか」と。山谷「わかりません」と答えた。その日山谷は晦堂と共に山に遊んだが、すばらしい木犀の香が山に満ちていた。晦堂「木犀の香がわかるか」山谷「わかります」。そのとき晦堂は「吾れ爾に隠すなし」と言った。山谷は忽然として悟ったという。これなど始めに問題意識を起させ、後に悟りを開くきっかけをつくるなど、すぐれた指導ぶりの一つを示している。

（恩田一九七九・五四三頁。［　］は引用者）

この引用箇所は悟りの心理学的分析を試みた同論の趣旨からすれば主題ではないのをわたくしも承知しているが、悟りの過程を創造過程と比べた時、創造過程に⑴準備、⑵あたため、⑶解明・霊感、⑷験証の四段階があるうち、⑶解明・霊感に相当する宗教体験として説明される中に現れる。恐らく筆者の専門そのものではないにせよ、簡潔明瞭にまとめられているので、ここに引用紹介した次第である。

次に、禅を中心とする仏教の思想と宗教を研究する傍ら、自ら茶人として振る舞い、書家としても名を馳せた久松真一（一八八九～一九八〇）を紹介する。久松は京都大学文学部で仏教学を教える立場であったが、久松の特色は、学者として生きたことでなく、自らの生き方で仏教とは何かを示した宗教家にして芸術家であったことである。茶人としては京都大学の心茶会（学生サークルとして現存）を指導し、また禅家としては未来を見据えたＦＡＳ協会を設立した。ＦＡＳのＦは形なき自己（Formless self）、Ａは全人類（All humankind）という立場、Ｓは歴史を超越する歴史（Superhistorical history）の実現を表す頭文字である。久松の独自性が発揮された略号であるが、同時に伝統的仏教に基づく面も強い。すなわち久松の言うＦは伝統仏教の用語で言えば「無我」の自覚に当たると言って間違いでなかろう。Ａは「一切衆生」に当たり、人類に差別無きことを掲げる。Ｓにぴたりと合致する伝統仏教の用語はないが、時間の観点から矛盾を超えた状態を指す言葉として、矛盾を超えるという意味で対応語を探るなら刹那と劫を別とせず、刹那は劫であり、劫は刹那であるという意味において、時間論に限定せずに広義を探るならば「一即一切、一切即一」の立場（『華厳経』）、「即非の論理」ないし「絶対矛盾的自己同一」を背後に備えると見てよいのではないかとわたくしは理解している。久松は総合芸術である茶道の関係から書家としても名高い。左に掲げる図10は悟りを示す円相と禅語「無中有路（無のうちに路あり）」を一つに描く。芸術と境涯を如実に示す書画として久松の面目を誰しも感じるに違いない。

久松真一は、京都大学哲学科西田幾多郎の門下生であった。久松は『学究生活の想い出』という手記の中で自らの体験を次のように描いている。冒頭に出る湘山は、久松が西田に勧められて参禅することになった妙心寺僧堂師家の池上湘山老師。大正四年（一九一五）十二月の臘八大接心（仏の成道会である十二月八日の明け方に向けて七日間集中して行う坐禅修行）、久松二十六歳の時のことであった。なお引用中の「彼」は、久松本人を指す。

図10　円相　無中有路

> 十二月一日、やっと湘山に参ずることも、禅堂内にて坐ることも許された。参じた時の室内の湘山は、平時とはまったく打って変わって、近づき難き孤危峭峻なる千仞の断崖絶壁であった。彼は、その際立った徹底的な応変には感嘆を禁じ得なかった。彼に取っては、僧堂式に坐禅し、しかも禅堂内で雲水と同じ規矩によって接心するのは、これが初めてであり、のみならずそれがまた、一年中に最も峻烈な臘八大接心であったのであるから、身心共に従来かつ

て経験したことのないほどの苦痛であった。他処では見られないような堂内の殺気立った異常な緊張と、寸毫も仮借せぬ直日（現在は禅堂内の総取締役）の策励と、開けっぱなしの窓から吹き込む寒風とは彼を極度に戦慄せしめた。坐に不慣れのための結跏の疼痛や、首や肩や腰の凝りは刻一刻増してゆくばかりで、顔をしかめ歯を喰いしばり、辛うじて坐相を保つことができる程度で、ややもすれば、肝心の工夫もその方へ奪われ勝ちであった。しかし他方、刻々と迫りくる独参や総参に、心は否応なしに工夫へと駆り立てられ、身心共にますます窮し行くばかりであった。湘山は入室ごとにいよいよ攀縁を絶する銀山鉄壁と化し、彼のまっ白な独眼の睨みは殺人光線となった。三日目の彼は、針の穴ほどの活路もなき、通身黒漫漫〔引用者注―全身真っ暗闇の意〕の一大疑団となり、文字通り絶体絶命の死地に追い込まれた。ここでは、彼が何か或る個別的な問題を対象的に解こうとして行き詰まったというようなことでもなく、あるいは普遍的全体的な問題を対象的に解こうとして解き得ず、それが大きな疑問として心中に懐かれているというようなことでもなくして、彼自身が全一的に一大疑団と化したのである。疑団とは、疑われるものと疑うものとが、一つであって、しかもそれが全体的な彼自身であるようなものである。鼠が銭筒に入って伎巳に窮した如く、百尺竿頭に登りつめて進退これきわまった如く、まったく窮しきって身動きもできない。しかるにあにはからんや、即の時、いわゆる窮すれば変じ、変ずれば通ずるという如く、この一大疑団の彼は、忽然として内より瓦解氷消し、さしも堅固なる銀山鉄壁の湘山も、同時に跡形もなく崩壊し、湘山と彼とのあいだには、髪を容れる隔ても無くなり、ここにはじめて、彼は無相にして自在なる真の自己を覚証すると同時に、またはじめて湘山の真面目に相見することができたのである。ここで彼は「歴代の祖師と手を把って共に行き、眉毛厮結んで同一眼に見、同一耳に聞く」といった無門の語の偽らざるを知った。一斬一切斬、一成一切成といわれるように、彼が多年解決し得なかった一切の問題は、抜本塞源的に解決せられ、未だかつて経験したことのない大歓喜地を得た。彼は今、存在・非存在を越えた無生死底を自覚し、価値・非価値を絶した不思善不思悪底を了得した。次の句は、当時彼がこの風光を表現したものである。

雨雲の晴れにし後ぞことさらに澄みまさるなり大空の月
親しきはしのつく雨の降りやみし静夜を破る滝つ瀬の音

（久松一九六九・四三二～四三三頁。手記の初出は一九五五）

第二節　来世を願い現世を閉じる

本シリーズ第二巻第二章「往生の秘訣――中世日本の臨終行儀」はアメリカ合衆国のプリンストン大学で日本仏教を講じてきたジャクリーン・I・ストーン氏の英文原著を、中山慧輝氏が現代日本語訳した論文である。日本仏教でしばしば記録される、来世極楽往生を祈願する仏教徒が行った今わの際の最後の儀礼的実践行為を扱う。日本中世の仏教では、往生を願望しつつ去りゆく師を送る弟子たちが、臨終の床に侍り、意識朦朧の師に何が見えるかを問い、往生に向かう様を確かめようとしたことがあった。

本稿では日本仏教が基づいた中国の仏書は修行者の臨終をどのように記述するか、わたくしなりに取り上げ、ストーン論文への序とする。

一、臨終に現れる瑞祥の数々

中国の漢語仏典のうち、特に僧伝の類いには、厳しい修行をしてきた者が現世を去る最期に、通常はあり得ない超常的な現象が起こったことを記す場合が決して少なくない。そのような超常現象は、その修行者と弟子たちの往生願望に裏づけられた瑞祥を示している。つまり瑞祥は、臨終者その人が聖者に変わりゆく様、ないし、臨終者を来迎（らいごう）する仏や菩薩の到来を象徴する。

瑞祥には、幾つかの定まった記述がある。

【頭頂の暖かさ】　第一に、当人が逝去した後、通常ならば体の部位はすべて冷えてゆくけれども、頭頂のみが冷たくならず、暖かさを数日保ったことを示す記述がある。これは体から魂（精神、漢訳は「識」）が抜けてゆく際、頭頂から抜けて行った結果、頭頂が最後まで暖かさを保ったという記録である。インドのアビダルマ教理学書によれば、頭頂から魂（「識」）が抜けた者は天界（神々の世界）に転生するか、解脱するとみなされた。頭頂の暖はこのような説を受けた記述である。

【折り曲げた指】　第二に、臨終を迎えた僧が指を一本ないし数本曲げたまま逝去したという記録がある。これについて北宋の賛寧撰『宋高僧伝』巻二十九はこう解説する。

凡そ入滅する時に指を〔曲げて〕立てている者は、〔立てた指の本数で〕自らが得た〔阿羅漢に至る〕四沙門果の段階を示している。

（大正新脩大蔵経第五十巻・八九一頁中段〜下段）

つまり指を四本曲げていれば、部派仏教の教理学に言うところの四果（阿羅漢果）を得て、今わの際に阿羅漢となったことを示すという。曲げた指の数は一指から四指まであり、それぞれの到達階位を示す。この表現を「頂暖」と共に用いる場合もある。『続高僧伝』巻七の宝瓊（ほうけい）伝は、臨終の様子をこう記す。

悟りに入ったことを〔口に出して示すこと〕なく、忽然と無常（＝死）を迎えた。死後も二三日、頭頂は暖かさを保ち、手は三本の指を曲げていた。

（大正新脩大蔵経第五十巻・四七九頁上段）

また、隋の大業九年（六一三）に八十歳で逝去した慧曠（えこう）の最期を、『続高僧伝』巻十の慧曠伝はこう記している。

死後もしばらく頭頂が暖かさを保ち、手は二本の指を曲げていた。これは天界に登り悟りを得たことの証しである。

（大正新脩大蔵経第五十巻・五〇三頁下段）

【異香の充満】　第三に、臨終を迎えた当人の部屋が「異香（いこう）」すなわち並々ならぬ素晴らしい芳香に満ちたという記録がある。この描写は二つの状況を示している。一つは、死にゆく当人が臨終に聖者となったため、凡夫の体からは発しない、聖者特有の「異香」が生じたという状況である。もう一つは、目で見ることはできないが、臨終の当人を来迎するために仏国土から聖者菩薩たちが到来したという状況である。この場合、聖者を目で見ることはできないが、「異香」を嗅いだ人々は、臭いという疑いようのない現実性(リアリティ)によって、来迎を確信することができた。そして来迎があった以上、当人が安楽仏国土に往生したのは疑いないと解釈された。

臨終に起こる超常現象は、主に右の三種である。このうち特に「異香」は、目に見えずとも、その場に現前する特殊な状態を、その場に居合わせた人々が皆、嗅覚で受けとったことにより実感する、疑う余地のないありありとした宗教体験として、僧伝の類いにおいて語られる。

とりわけ興味深いのは、「異香」は「異香、室に満(しつみ)つ」という定型表現を生み出し、生前厳しい修行に明け暮れたにもかかわらず、到達した境地を弟子たちに一切語らなかった師の臨終に現れたと、記録されることが多かった。

例えば禅仏教の確立に多大な貢献を果たした六祖慧能(えのう)(六三八〜七一三)は、七十三才で逝去した際、数千の鳥が飛来して鳴き、五色の雲が現れ、涼風(第一章第二節の五を参照)が寺に流れ込み、「異香」が発生したと語られている(『曹渓(そうけい)大師別伝』、『宋高僧伝』慧能伝、『景徳伝燈録』慧能伝)。さらにまた、正に同じく、「異香」で部屋が満ち溢れた記録は、唐の玄奘三蔵の臨終にも生じたと記録されている。これについてはすぐ後に説明するつもりである。

これら三種は、中国のみならず日本にも伝来し、日本で撰せられた往生伝にも採用された。そのことを示す早期の文献として慶滋保胤『日本往生極楽記』一巻（九八七年）に収める二人の伝を紹介しよう。一つは増命（八四三〜九二七）の伝であり、次のように記述される。

> 延暦寺の座主僧正である増命は、左大史の桑内安岑の子であった。……中略……病に罹った人が和尚の鉢の飯を食べると、苦しんでいた病はすべて治癒した。〔ある日〕和尚は急に軽い病に罹り、一室を掃き清めて一門の弟子たちに、「人生には限りがある。御本尊が私を導いてくださった。お前達は近づいてはならぬ。今宵、**金色の光が俄に夜空に輝き、紫色の雲がわき起こり、音楽が天空に響き、香しい匂いが部屋に満ち溢れる**」と言った。和尚は西方（極楽浄土）に礼拝し、阿弥陀仏を念じ、香を焚き、肘掛けにもたれて、眠るかのように息を引き取った。葬儀の間、煙の中から**香しい匂いが立ち込め**、天子様は使者を派遣して慰労し、「静観」という諡を〔増命に〕与えた、云云。

また、藤原義孝の伝はこうである。

> 右近衛少将の藤原義孝は大政大臣贈正一位の謙徳公（藤原謙徳）の第四子であった。仏教に深く帰依し、遂に葷腥（大蒜や葱など臭いのきつい五種類の野菜及び生臭い魚）を食べるのを止め、公務の合

間には『法華経』を唱えた。大延二年（九七四）の秋、疱瘡に罹り亡くなった。臨終の時、〔『法華経』〕「方便品」を唱えると、亡くなった後、素晴らしい芳香（異香）が部屋に満ち溢れた。……後略……

傍点部が示すように、右の二つは共に異香を描写し、その語り口は中国の僧伝と正に軌を一にする。

二、玄奘の往生願望

出家僧として厳しい戒律生活をしたにもかかわらず、自らの到達した菩薩の境地がどれ程であったかを弟子たちに一切言わずにこの世を去った僧の代表として、唐の玄奘（六〇〇／六〇二～六六四）がいた。改めて言うまでもなく玄奘は仏典漢訳事業において最大の功績を果たした訳経僧（図11参照）であり、インドのナーランダー寺（現在のビハール州に発掘遺跡が現存する）において瑜伽行派の思想を学んだ学僧であった。『続高僧伝』巻四の玄奘伝によれば、玄奘はかねてより阿弥陀信仰ではなく、弥勒（マイトレーヤ）の住まう兜率天（トゥシタ天 Tusita、覩史多天）に往生したいと願っていたが、インドを歴遊した経験から瑜伽行派の祖師である無著と世親もトゥシタ天に転生したという伝承を知るようになり、それ以後、益々熱烈な弥勒信仰者となったもののごとくである（大正新脩大蔵経第五十巻・四五頁上段）。玄奘がインドに学ぼうと願ったそもそもの経緯も、瑜伽行派の根本典籍『ヨーガアーチャーラ・ブフーミ』が極めて強く関わっていた。『ヨーガアーチャーラ・ブフーミ』の著者は弥勒であった。ところが玄奘の年少期に存在したこの書の漢訳は陳の真諦訳『十七地論』五巻が唯一であり、内容を読解するのに困難を極めた。そこで玄奘は自らインドに趣いて良質の写本を手に入れ、それを中国にもたらして正確かつ理解可能な新訳を作ろうと決心した。玄奘は実際にそれを遂行した。六四五年に長安に帰還した玄奘は、『十七地論』を質的に上回る『ヨーガアーチャーラ・ブフーミ』の新訳作成を六四六年に始め、六四八年、『瑜伽師地論』百巻として訳了した。玄奘にとって兜率天は数多ある天の一つというだけのものではなかった。兜率天は『瑜伽師地論』を説いた弥勒が今なお説法し続けている場であり、そこに玄奘は往生し、弥勒に見えたいと切望したのだった。

図11　玄奘三蔵坐像（鎌倉時代、13世紀、奈良・薬師寺蔵）

玄奘の兜率天往生願望の詳細を告げる記事として、唐の道世撰『法苑珠林』巻十六の次の一節がある。

> 玄奘法師は言った——西方インドの出家者と在家者は皆、弥勒〔を崇拝〕している。〔弥勒は我々凡夫と〕同じく〔欲界・色界・無色界の三界のうち〕欲界にいるから、かの御方〔弥勒〕に対する〔崇拝〕行為は成し遂げ易いため、大乗の師も小乗の師も皆、この教え

〔弥勒崇拝〕を認める。〔他方〕阿弥陀〔仏の〕浄土は、恐らくは卑しい凡夫の汚穢した〔身心〕では修行を成し遂げるのが困難である。このことは、旧来の経典や論書が〔説く〕ように、十地かそれ以上の菩薩が分限に応じて報仏のいる浄土を見る〔ことができるようになる〕だけである。新訳の『〔瑜伽師地〕論』の説によれば、〔十地まで達する必要はないが、それでも〕三地の菩薩となって始めて報仏の浄土を見ることができるのである。どうしてさらに下位の凡夫がすぐに〔浄土に〕往生することなどできようか〔できるはずがない〕。ここで意味されているのは〔現世でなく、死後、将来の〕ある別の時に〔阿弥陀浄土に往生できる〕ということであるから、〔それがいつかは〕確定できない。このようなわけで西方インドの大乗は〔阿弥陀仏の浄土を〕認め、小乗は認めないのである。

こうして〔玄奘〕法師は生涯常に弥勒〔を崇拝〕し、命が正に尽きようとする時には、天に生まれて弥勒仏に見えますようにと願を発し、大衆に同時に偈をこう唱えさせた、

「敬しんで弥勒如来応正等覚に礼します。
願わくは〔諸衆生〕と共に速やかに慈しみ溢れる御姿に拝顔できますように。
敬しんで弥勒如来のまします宮殿内の方々に礼します。
願わくは〔わが〕命が尽きた後、必ずや皆様方の中に生まれ変われますように」と。

（大正新脩大蔵経第五十三巻・四〇六頁上段＝『諸経要集』巻一、同第五十四巻・六頁下段〜七頁上段）

右の引用中、「旧来の経典や論書」は玄奘以前の旧訳の諸経論を指す。そこでは十地の菩薩しか阿弥陀浄土を目の当たりにすることはできないとされていた。しかし「新論」すなわち玄奘が新たに訳した『瑜伽師地論』巻七十九によれば、十地に到達せずとも三地に到達すれば可能とされた。そこにはこう説明している。

> 問い。〔経典に〕説くように、五種の無量がある。すなわち衆生の領域は無量であるなど〔の五種〕である。そのすべての世界はまったく等しいのか、何か違いがあるのか。
>
> 答え。違いがあると言うべきである。その〔すべての世界〕には二種ある。一は清浄な〔世界〕、二は清浄でない世界である。清浄な世界に地獄・畜生・餓鬼は見られないし、欲界・色界・無色界〔の三界〕もなく、苦を感受することもなく、ただ菩薩の集団のみがそこに住まうから、だから清浄な世界と称する。既に第三地に入った菩薩は自在の誓願力を有するが故に、その〔清浄世界〕に往生できる。〔その世界には〕凡夫も、凡夫ならざる〔聖者であっても〕声聞や独覚もいない。凡夫であっても菩薩であればそこに往生できる。
>
> （玄奘訳『瑜伽師地論』巻七十九、摂決択分中菩薩地之八、大正新脩大蔵経第三十巻・七三六頁下段）

玄奘の後、『瑜伽師地論』の「三地菩薩」説は、その意味を巡って様々な議論を生んだ。解釈の相違を引き起こした背景は、『瑜伽師地論』の菩薩階位が通常の十地説でなく、七地説であることだった。

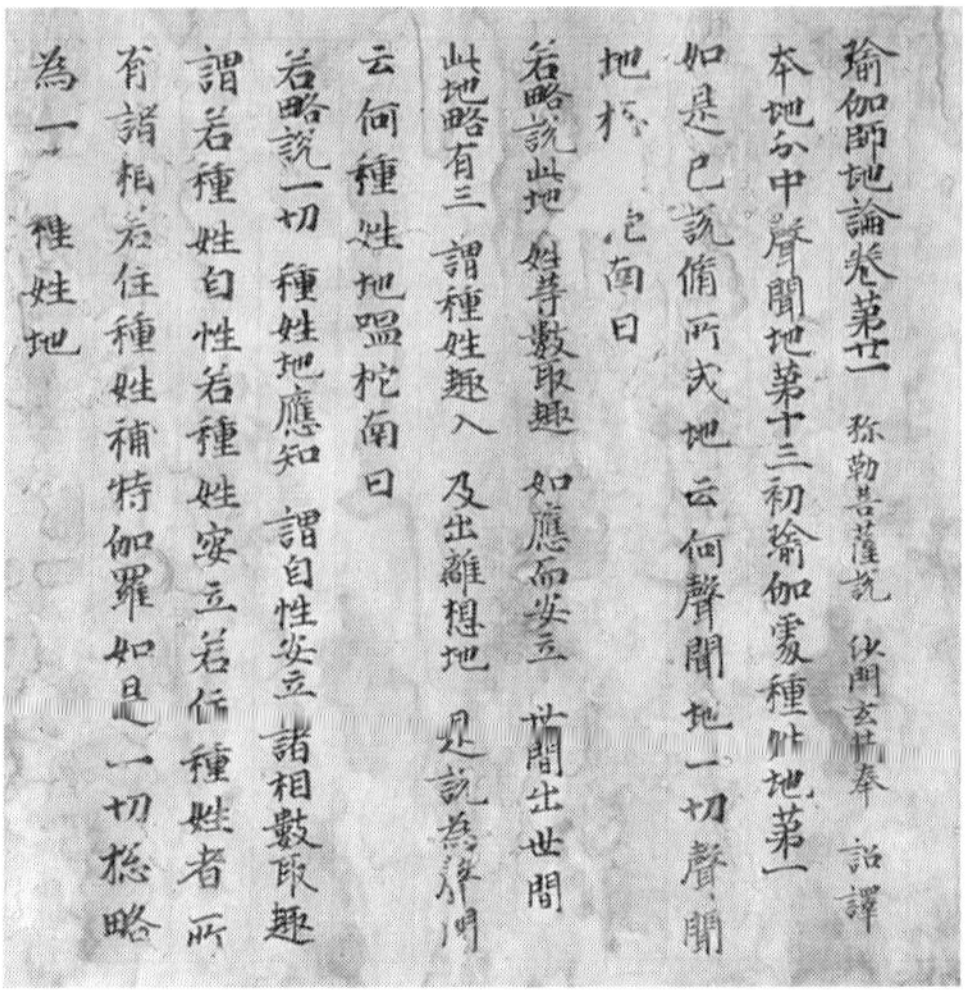

図12　玄奘訳『瑜伽師地論』

結論から言うと、玄奘の流れを汲む学僧たちの多くは、『瑜伽師地論』の説を通常の十地説とは異なる体系を示すものと考え、『瑜伽師地論』の「第三地」は七地説における三地「浄勝意楽地」であり、それは十地説における初地の「極喜地」すなわち歓喜地に当たると解釈した。この説は、新羅の元暁（六一七～六八六）『両巻無量寿経宗要』（大正新脩大蔵経第三十七巻・一二六頁上段～中段）、新羅の遁倫『瑜伽論記』（七〇五年頃）に記す「神泰（七世紀）」の説（同第四十二巻・七九〇頁下段）、唐の法蔵（六四三～七一二）『華厳経探玄記』巻三（同第三十五巻・一五八頁中段～下段）などに見出すことができる。

『瑜伽師地論』（図12参照）の三地は通常の十地説における初地に相当するという解釈が成り立つとしても、玄奘にとっては何の助けにもならなかった。事態がまったく容易でないことに変わりはないのである。なぜなら、第一章第六節の二で指摘したように、同じ玄奘がインドからもたらした伝承では、祖師の無著すら初地に止まり、世親にいたっては初地に入ることすらできなかったと信じられていた。まして後続の信奉者たちが同じ境地まで到達することは、ほとんど絶望的と玄奘は感じただろう。こうした背景から、玄奘は阿弥陀信仰ではなく、欲界・色界・無色界の三界のうち最も下位にある欲界の一である兜率天への転生という、現実性のより高い、可能な往生を願ったのであった。

なお補足しておくと、玄奘の兜率天往生を示す史料は右に紹介したもののほか、もう一つある。これまた道世撰『法苑珠林』巻十六に収めるものであるが、「讃弥勒四礼文」である。その全文を現代語訳すると左記のような内容である。

『弥勒を讃歎する四度の礼拝文（讃弥勒四礼文）』〈玄奘法師が〔インド語原典の〕経から訳出した〉

〔第一〕　将来仏の弥勒をば、心を込めて帰依礼拝す。

諸仏は皆等しく無為なる本体を体得し、真如の理法は真実在であり、もとより実体ある対象などない。神々を誘致するため〔弥勒は〕兜率天に応現した。ちょうど魔術師が様々な姿となって現れるかのように。

元来、人にも馬にも実体がない。迷妄〔の対象は〕実在しない。通達した者は、幻は幻であり、そのように〔実在し〕ないのを知っている。仏身は本来清浄、仏は皆そうである。しかし愚者にはそれがはっきりと分からず、〔仏は〕凡夫と同じと思い込む。

仏は〔どこにも去らず〕どこからも来ないと知ることが真実の仏を見るということである。こ

〈の認識〉を必ず獲得し、永久(とわ)に歓びは途絶えない。故に我は頭を地につけ弥勒仏に礼し、慈悲(マイトレーヤ)ある殿下が衆生を済度されんことをひたすら乞い願う。

願わくは衆生たちと共に、天高く昇って兜率天に往生し、弥勒仏を目の当たりにせんことを。

〈第二〉　将来仏の弥勒をば、心を込めて帰依礼拝す。

仏は〈凡夫に〉思い図れぬ自在な能力を持ち、数多の仏国土内のほんの小さな物にも姿を示すことができる。まして今この兜率宮殿においては尚更のこと、獅子の威厳を備えて座に結跏趺坐(けっかふざ)す。その身は閻浮樹(えんぶじゅ)の河底の砂金のように比類なく、三十二相八十種好(さんじゅうにそうはちじっしゅごう)は宝のように映え輝く。神通力(じんずうりき)もつ無数の菩薩は皆、仏が教化を起こし命あるものを救う一翼を担う。

衆生に出来るのは心を尽くして礼拝するばかり、始めなき過去からの罪業は決して実体として生じたのではない。故に我は頭を地につけ弥勒仏に礼し、慈悲(マイトレーヤ)ある殿下が衆生を済度されんことをひたすら乞い願う。

願わくは衆生たちと共に天高く昇って兜率天に往生し、弥勒仏を目の当たりにせんことを。

〈第三〉　将来仏の弥勒をば、心を込めて帰依礼拝す。

慈悲(マイトレーヤ)ある殿下の宝冠は化仏(けぶつ)に溢れ、数千百を超える数。わがこの土地は他方菩薩が集い来て、宝のごとき殿堂に神変(じんぺん)さまざま応現す。

仏の御身の白毫は輝き八万億那由他に及び、絶えず不退転の法輪の原因を説いている。衆生は福徳ある行いを積むだけで、手を伸ばし曲げする程あっという間に慈悲ある尊き御方に見えることができる。

ガンジス河の砂粒ほど多数の仏がこれにより応現する。いわんや我が本師の釈迦牟尼ならば尚更のこと。故に我は頭を地につけ弥勒仏に礼し、慈悲ある殿下が衆生を済度されんことをひたすら乞い願う。

願わくは衆生たちと共に天高く昇って兜率天に往生し、弥勒仏を目の当たりにせんことを。

〔第四〕　将来仏の弥勒をば、心を込めて帰依礼拝す。

諸仏の在すは常に浄国、受用身として応現し、その量は無限である。凡夫は未だ知らずとも、咫尺の間に金色の御体を応現す。

衆生はどんなに見ても飽くるなく、業果を閻浮提に示さしむ。ただ法を聴き、誦え、遠く遥かに必ずや兜率宮殿に往生せしむるのみ。

ここに三途は永久に消え、必ず皆で一法身を体得す。故に我は頭を地につけ弥勒仏に礼し、慈悲ある殿下が衆生を済度されんことをひたすら乞い願う。

願わくは衆生たちと共に天高く兜率天に往生し、弥勒仏を目の当たりにせんことを。

（大正新脩大蔵経第五十三巻・四〇三頁下段～四〇四頁上段）

【兜率天宮の内院】　右に紹介した『法苑珠林』巻十六に「弥勒如来所居内衆」という語があった。同じ語は『続高僧伝』巻四の玄奘伝にも見出せる。弥勒を菩薩でなく如来とする理由は、将来仏となることの約束されている弥勒（すなわち「当来弥勒仏」）という意味であると思われる。その当否はさておき、さらに注目すべき点がもう一つある。それは「弥勒如来所居内衆」という表現の中の「内衆」の意味である。玄奘は単に弥勒の住まう兜率天のどこでもよいから生まれ変わりたいと願ったのではなかった。玄奘は、兜率天の中央に在す弥勒の傍に事える内衆――弥勒宮殿の内部で弥勒の説法を間近に聴けるところ――に生まれ変わることを切望したのである。弥勒の住まいに「内」があったということは、当然、「外」もあったことを含意する。

　弥勒宮を内と外とに分ける記述は他の経典論書にたどれるか。漢人仏教徒はいつ頃この区別を知るようになったのか。あくまで管見の域を出ないが、弥勒の兜率天宮の建築や地理に関する資料を精査した研究はこれまであまりない如くである。玄奘が唐に帰還する以前の文献には兜率天に内院と外院があることの明証を見出せない。一方、玄奘以降の資料ならば相当数の文献を見出せる。こうした状況から推測すると、弥勒宮殿の内院に注目し、そこを往生の地と定めたのは、中国仏教においては玄奘が最初だった可能性が浮かび上がる。

「内衆」という語は『大唐西域記』巻五の阿踰陀国（アヨーディヤー Ayodhyā 現在のウッタル・プラデーシュ州北部）の条にも見える。それによれば、同門の無著と世親と師子覚（ブッダシンハ Buddhasiṃha 仏陀僧訶）は、死んだら弥勒に見えようと願って修行し、先に死んだらどこに生まれ変わったかを知らせに戻ろうと約束を交わした。師子覚が先に亡くなった。しかし三年しても何も知らせて来ない。次に世親が死んだ。六ヶ月してもやはり何も知らせて来ない。その後、無著が説法していると、世親が天より下り、こう言った。

　ここで死んだ後、〔私は〕トゥシタ天に行き、弥勒の内衆の蓮華の中に生まれました。

無著がそこで「師子覚はどうしているか」と訊ねると、世親はこう答えた。

　私が〔トゥシタ天の中を〕ぐるりと廻ったところ、師子覚は外衆の中にいるのが見えたが、奴は欲望と快楽に耽溺し、他のことをする暇がなかったから、知らせられるはずはないでしょう。

（以上三つの引用は『大唐西域記』巻五、大正新脩大蔵経第五十一巻・八九六頁中段～下段、参照）

　この話は弥勒の住まう兜率天の中には内衆と外衆の者たちがいて、外衆は欲望を離れていないことを物語る。折角兜率天に往生することができても、もしも弥勒のいます宮殿の内部に入り、内衆として聴法できれば願いは実現されたことになるけれども、しかし宮殿外にいるだけでは、欲界の一として欲望を残す兜率天の性格に縛られ、悟りに近づくことはできないと、玄奘やその門下の弟子たちは考えたのだった。

玄奘を継承した直弟子の窺基が撰した『西方要決釈疑通規』にも内院の解説があり、そこには次のように記されている。

兜率天の内院に往生したら、弥勒と聖者たちの法会の場を目の当たりにし、清浄な条件を作ることができるが、外院の香や花や楼閣や音楽は、みな煩悩に染まった思いを起こさせる。

（大正新脩大蔵経第四十七巻・一〇六頁下段）

【玄奘の臨終】　さらにまた、「弥勒内院」という語は、玄奘の行状を詳しく記す『大慈恩寺三蔵法師伝』巻十にも見出せるばかりでなく、玄奘の去りゆく様をも具体的に描写している。『大慈恩寺三蔵法師伝』は、臨終を迎えた玄奘に、弟子が問い訊ねた様子と、それに続く玄奘の最期を以下のように記す。

弟子の光（＝大乗光＝普光）らは、「和上はきっと弥勒の内院に生まれますでしょうか」と問うた。〔玄奘〕法師は「生まれ変われる」と答え、言い終わると、喘ぎは徐々に弱くなり、やがて逝去した。〔しかしその場にいた〕侍者は〔逝去に〕気付かず、新しい真綿を口に当ててみてやっと始めて分かった。〔玄奘の体は〕足から上部へと徐々に冷たくなり、最後まで頭頂は暖かなままであった。容貌はほんのり赤く、これまでに増して歓喜しているかのようであった。四十九日が過ぎても何も変わらず、嫌な臭いもしなかった。禅定と智慧で身を飾り〔厳しく守り続けた〕戒の香りで身を覆うことがなければ、一体どうしてこのような〔奇瑞を〕招くことができようか。

（大正新脩大蔵経第五十巻・二七七頁中段）

『大慈恩寺三蔵法師伝』巻十には玄奘の往生を示す記述が別にもう一箇所ある。それは伝の末尾に付す撰者の彦悰（げんそう）による跋文の一節である。玄奘の没後一月余りが経過した後、棺を開いてみた時のことである。

かりもがりの棺を開いてみると、人々は、蓮華より発する匂いのような素晴らしい芳香（異香）を感じ、互いに驚き、「〔芳香が〕これ程までとは」と言いあった。

（大正新脩大蔵経第五十巻・二七九頁下段～二八〇頁上段）

これら二つの記述から、玄奘の体は「異香」を発し、「頂暖」が起こったことが分かる。滅後に悦びの容貌を示したのは、おそらくは願っていた通りに兜率天の内院に往生できたことに満足の微笑みを浮かべたということを示しているのであろう。

玄奘の敬愛したインド瑜伽行派の祖師である世親が遂にこの世で初地に到達できなかったことは既に繰り返し述べた通りである。世親にすらできなかったことでも自分ならできると、楽観的に玄奘が思ったとはどうしても考えにくい。だが、そんな世親も、死後、兜率天の内院に生まれ変われたのであった。とすれば、それを知った玄奘は、初地に達するのは無理難題とて兜率天の内院に生まれることは世親と同じく自分にも可能ではないか――と、このように考えたとしても、さほど不思議ではあるまい。「初地に達することはできないから西方極楽浄土に往生することはできない、しかし瑜伽行の信徒として、兜率天の内院に往生して弥勒の説法を直々に聴くことはできるに違いない」……こうして玄奘は死後に望みを託したのではないかとわたくしは思う。

最後に、玄奘の行位をまとめておこう。瑜伽行の修行者として玄奘の到達した菩薩の階位について、生前の玄奘は弟子たちに何も明かさぬまま、兜率天往生を切望し、臨終の際、弟子に尋ねられると、必ず兜率天の内院に往生できると言って尽き果てた。弟子たちはこれをどう感じ、解釈しただろう。わたくしには一つの答えしかないように思われる。すなわち「我らの師は確かに内院に往生した。疑いなく師は聖者であった」と弟子たちは師匠の死を肯定的に受け止め、輪廻と来世への展望と可能性を信じたに違いない。

口では何も語らずとも、体が如実に境地を示した玄奘。これは、究極の身体的実践ではないか。インドには中国と同じような僧伝が存在しないため、明確に断定することができないが、玄奘のような厳しい修行者が生前に自らが到達した修行の階位や境地について明言を避け、往生願望を表明するに過ぎなかった状態で死を迎えると、死後、素晴らしい芳香（異香）や天界からの来迎を告げる音楽が響き渡るなどの超常現象を示したという伝記は、その後も東アジア仏教文化圏では、伝統として連綿と残った。例えば、本節の一の一六四頁に簡単に紹介した中国禅宗の第六祖、慧能（七一三年卒）の臨終を『宋高僧伝』巻八の慧能伝はこう記す。

先天二年（七一三年）八月三日、〔慧能は〕突然病気となり、部屋には異香が満ちあふれ、白い虹が〔天空より降りてきて〕大地に連なった。食事が終わると、〔慧能は〕沐浴して着替え、指を繰り返し鳴らすと〔程なくして〕息が弱くなり、眼を閉じて最期を迎えた。その時、山の岩石が転がり落ち、川の源流が止まり、鳥たちは声を合わせて啼き、猿たちは断腸の思いで鳴き叫んだ。

（大正新脩大蔵経第五十巻・七五五頁中段）

こうした不可思議な超常現象を記録する僧伝は中国だけでなく、中世日本でも多く作られた。残された弟子や遺族には知る由のない往生の様子を、当事者すべてにありありと示す現象として、芳香や不可思議な自然現象の発生が語られるのである。このような流れの僧伝は、本シリーズ第二巻においてJ・ストーン「往生の秘訣――中世日本の臨終行儀」に解説される内容と直結するので、ここに導論として紹介しておきたい。

第三節　斎会――皆で行う修行と儀礼

本節と繋がる本シリーズ中の概論は二つある。一つは、第二巻第一章「律に説かれる宗教活動――インドにおける「行像」」（岸野亮示）である。もう一つは、第三巻『儀礼と仏像』（倉本尚徳）である。岸野氏は、インドの『律』（ヴィナヤ）を文献学の手法で綿密に研究し、『律』に属する諸文献の生成過程を検討している立場から、インドの『律』に描かれる「行像」（ブッダを山車に乗せて街中を巡る儀礼）の本来の姿と漢字文化圏で過去に行われた行像との異同について解説する。倉本氏は、中国隋唐六朝の仏教石窟や碑文に刻まれた石刻資料とその拓本を読み解き、生の第一次資料から中国の仏教信仰の実態に迫る研究を進めている。両者に共通する関心領域は、漢語で「法会」（仏教集会の意）や「斎会」（身心を清らかにして行う集会）と呼ばれる、広い意味での仏教儀礼である。岸野氏はインドから日本へ論を進め、倉本氏はインド仏教を受容した早期中国仏教に焦点を当てる。両稿を合わせて読む時、インドから中国へ、そして現代の日本へという儀礼を中心とする仏教活動に流れる継承と展開の全体像に迫る知識を備えることができるに違いない。

二人の概説への橋渡しとして、以下に本節でわたくしは予め補足となりそうな事柄を述べておきたい。それは、インドから中国に仏教伝来した際に、早期中国において実践されていた仏教儀礼に関する基礎を固める作業である。具体的には、漢語で仏教儀礼を何と称したか、主な仏教儀礼にどのような種類があったかを述べ、さらに、儀礼を遂行するに当たって行われた読経の仕方を示す「転読」と「梵唄」という用語も紹介しておきたい。

一、斎会とは

まず始めに、仏教の儀礼に当たる基本要語の幾つかをサンスクリット語と漢語で確認しておこう。「儀礼」は「儀式」と言い換えてもよい。英語ならリチュアル ritual に相当する。サンスクリット語では「カルマン *karman*」や「ヴィディ *vidhi*」という語で儀式を言い表すことが多い。「カルマン」は本冊の序第三節「行為の三種」で触れた「カルマン」である。そこに記した通り、「カルマン」は行為とその影響を表す語であり、その意味で漢訳する時は「業」を用いる。それに対して、同じ語を儀式という行為（儀礼行為）に限定して用いる文脈もサンスクリット語文献にはある。その場合、漢訳仏典において「カルマン」は「業」でなく「羯磨」と音写（音訳）する場合が多い。「羯磨」は仏教語として「こんま」または「かつま」と読む。羯磨（こんま）は律宗その他南都（なんと）（奈良）の諸宗及び真言宗の読み方である。この発音は、サンスクリット語「カルマン」に相当するパーリ語が「カンマ」であることから、「カンマ」に近い音写として「こんま」と発音するに違いない。他方、漢字の発音をそのまま呉音読みする羯磨（かつま）は天台宗や浄土宗の読み方である。

もう一つのサンスクリット語である「ヴィディ」は、定める（こと）・規律・行為の意から、法則や儀式をも意味する。その漢訳として「作」「規定」「法事」「儀式」「儀則」「儀」などがある。

以上はインドのサンスクリット語を基にした説明である。中国中世の漢語として実際に頻用する語を挙げるならば、羯磨や儀と共に、あるいはそれ以上の頻度で用いる語として「斎会」及びその同義語がある。

「斎会」は仏教の儀礼的かつ集団的な実践形態を示す言葉である。禁戒を守り、身も心も清らかに保った（「斎」）状態で人々が集まる（「会」）ことを言い表す。単に「斎」のみでも、「斎集」と表現しても、「斎会」と意味は基本的に同じである。漢字の「斎」はものいみする、つつしむなどの意である。このような斎会を、仏教集会を意味する「法会」という、さらに一般的な語で呼ぶことも多い。

仏教用語として斎は、禁戒を守り身心を清浄に保つことを意味するが、「斎会」「斎集」とも呼ばれるように、集団で行うことが多く、総じて言えば、斎とは、仏教の儀礼的・集団的な実践形態であった。

斎会という実践形態は中国において仏教伝来の初期から行われた。例えば、後漢における仏教伝播を示す最も古い資料の一つに東晋の袁宏撰『後漢紀』孝明皇帝紀と南朝宋の范曄撰『後漢書』楚王英伝の記事がある。それによれば、永平八年（後六五）、後漢の楚王英すなわち劉英は「黄老（黄帝・老子）の微言を誦え、浮屠（ブッダ buddha の古い音写）の仁祠を尚び、絜斎すること三月、神と誓いを為す」とある。ここに劉英が宗教行為として三ヶ月にわたって身を清める「斎」を行ったことが分かる。これ以降、斎と斎会は歴史を通じて様々な形で行われるようになった。仏教徒が斎会を営んだ記事は、梁の慧皎撰『高僧伝』にも多い。

斎で行われた事柄は、具体的には仏や菩薩への礼拝・懺悔（罪過を告白し、悔い改めること、第一章第二節の二を参照）・経典の学修・経典の読誦（「転読」「梵唄」、後述本節の三を参照）・精神統御（「禅定」、第二章第一節の一を参照）などであった。

中国で行った仏教の斎会には具体的にどのような種類があったか、その期間はどの程度であったかについては、段落を改めて、以下に説明することにしよう。

二、斎会の種類

【八関斎】　在家信徒が行った斎会の代表は八関斎（はっかんさい）である。在家が行う様々な斎会の基盤形態として歴史を通じて広く行われた。「関」は悪行を抑制する・塞ぎ止めるを意味する。「八関斎」は古い漢訳で用いる語であり、同じ意味を「八戒斎」「八斎戒」または単に「八戒」とも表すようになった。

八関斎で守るべき規則は次の八項目である。


一「不殺生」……衆生（命ある生きもの）を殺さず、衆生に慈悲をかける。

二「不偸盗」……他者の物を盗まず、貪著を離れる。

三「不婬」……性行為をせず、身を清らかに保つ。

四「不妄語」……嘘をつかず、真実を語る。

五「不飲酒」……酒を飲まず、精神を明瞭冷静に保つ。

六（漢語略）……花や装身具で飾り香をつけ化粧したり、歌舞音曲を見たりせず、俗的快楽を離れる。

七（漢語略）……安楽な大きい床で眠らない。

八（漢語略）……正午を過ぎたら、飲み物以外、物を摂取しない。

八関斎を守る時間と時期はどうか。在家信徒は、男女とも、毎月六日（八日、十四日、十五日、二十三日、二十九日、三十日）に上記八禁戒を守る。それぞれ朝の始めから翌朝まで丸一日、戒を守るので、八関斎を別名「一日戒」とも呼ぶ。

【三長斎】　八関斎は守るべき日の定まった定例的斎会である。同様の定例的斎会としては「三長斎」があった。一年に三回行う長期の八関斎という意味であり、具体的な期間は正月一日から十五日、五月一日から十五日、九月一日から十五日であると経典に定める。この三つの月の前半は八関斎を守れと定める。しかし中国の仏教書を読むと必ず一日～十五日の月前半とするという規定を欠く場合もあり、そうすると正月・五月・九月の三ヶ月すべてを八関斎に当てよという意味になるが、どちらが実態であったかは判然としない。このほか、仏降誕会（四月八日または二月八日）や盂蘭盆会（七月十五日）なども定例的斎会に含まれる。

【非定例的斎会】　斎会には期間や開催日が不定のものもある。一日のみの斎から、数週間あるいは一月以上に及ぶ斎もあった。斎を内容に従って分類するならば、講義を主とする講経会（後述）、「金光明斎」・「観世音斎」・「（三七）普賢斎」など、特定の経典や菩薩に即した名を付けてその経典や菩薩に特化した儀礼的実践を行う斎会、無遮大会・五百僧斎など僧侶への食事供養を主とする斎、さらにまた、病気の治癒などの現世利益的な目的をもって祈祷を行う斎など、様々な形態が存在した。

無遮大会は、在家が行う食事布施の儀式であり、招待すべき対象を限定せず、来訪した者には、男女も僧俗も問わず、すべての者に無制限に食事を供養した。期間が長期に及ぶ場合もあった。無遮大会を頻繁に開催した在家信徒の筆頭は、梁の武帝であった（『梁書』武帝本紀）。因みに無遮大会（*niraragaḍamaha）と五年大会（*pañcavārṣika* 五年に一度行う無制限の食事供養）とを同じとみなす者がいるが、それは誤解である。開催頻度が異なる。五年大会は五年一度であるのに対し、無遮大会は不定期で回数の制約もない。

【参加者の態度】　斎会に参加する在家の気持ちと態度は相当ばらつきがあったようである。篤信の信徒は誠心誠意を尽くして斎会に望み、八関斎を不眠不休で丸一日行う、斎会で坐禅を熱心に行う、経典の内容を講ずる僧の話に熱心に耳を傾けるなどした。だがその一方で、見せかけの形ばかりで斎会を行い怠惰を露呈し、例えば在宅の八関斎で読経するのを僧に頼んで置きながら自分は安眠していた信徒がいたことを批判的に嘆く史料もある。

不眠不休を課す八関斎において参加者が寝てしまった場合に、罰則を課すこともあったようである。それを示す史料として梁の簡文帝（蕭綱）による「八関斎制序」がある（唐の道宣撰『広弘明集』巻二十八所収。大正新脩大蔵経第五十二巻・三二四頁下段）。そこには「罰礼二十拝（罰則として二十回仏像を礼拝する）」その他の表記が何度も繰り返される。読者は仏像への礼拝を「罰」として義務づけることに、中国特有の現実味を感じるに違いない。

【講経】　八関斎に行う事柄に、経典の学修が含まれていると先に述べた。在家信徒は八関斎を行うなどして身心を清らかな状態に保つ時、寺に行って僧から話を聞いたり指導を受けたり、あるいは自宅に僧を招いて読経してもらったり、経典の内容を解説してもらったりした。これと関連して、経典の内容を学修することを主な目的として、寺で斎会が営まれ、多くの真摯な在家信徒が参加した記録がある。

六朝・隋・唐時代の中国では、経典を講義する際、しばしば、聴講者の前に講義を担当する役として、「都講（とこう）」と呼ばれる者と「法師（ほうし）」と呼ばれる僧が対面して坐った。この二人は以下のように役割分担した。——すなわち、まず、都講が経典の一節を読経する唱経者の任に当たり、その一節で特に解釈を要する点を問う。都講は必ずしも出家者である必要はない。在家信徒が都講に当たることもあった。次に、文言を解説して欲しいと都講に促された法師は、経典の内容を説明し、問いに答える解説者の役割を果たす。もし都講がそれを聞いて、法師の解説にまだ足らないところがあると感じれば、同じ箇所を二度も三度も問い尋ねて理解を深める。都講は法師の解釈をうまく引き出す引き立て役でなければならず、その意味では司会者の役もこなしていた。しかし単に経典を読み解説を乞うのでなく、時には更なる解説を求めて法師をやり込める程に経典に通じている必要があった。このように、時には丁々発止のやり取りを交えながら、都講と法師が経を講義し、これを各節ごとに繰り返すことで、経典全体を読み上げ、解説するという体裁で講義は行われた。このやりとりを傍らに坐す多数の聴講者は聞き、経典の内容に関する理解を深めたのであった。

儀礼は日本仏教でも大切にされた。日本仏教の法会は基本的なところを中国仏教から受け継いでいるが、日本独自の新たな展開もあり、詳細な記事も多く残っている。その大綱は、本シリーズ第五巻の執筆者でもある蓑輪顕量氏の『日本仏教の教理形成——法会における唱導と論義の研究』（二〇〇九）をぜひ奨めたい。

三、斎会の目的と効用

中国中世仏教史において行われた斎会の記録を調べると、斎会には様々な形態があったと同時に、どのような形であるにせよ、およそすべての斎会に共通する性質があったことも分かる。その共通的性質は様々な面に及ぶ。順不同で、少なくとも次の四点を列挙することができる。

(1)斎会は皇族を始めとする在家信徒が主体となって行うことが極めて多く、その場合、在家から寺へ斎会の運営と謝礼のため莫大な金銭が布施されるという寺院経済的効果が生じた。

(2)在家が寺に赴いても、出家者側は寺の清浄性を維持する必要がある。そのため、在家と出家が接しやすい日を選定して斎会を営んだ。具体的には、在家が八関斎を行う各月八日・十四日・十五日・二十三日・二十九日・三十日の六日が、八関斎のみならず、他の様々な斎会を行う際も適切であった。この各月六日を「六斎日（ろくさいじつ・ろくさいにち）」と言う。在家はこの六日に身を清め、通常守るべき「不邪婬（邪な＝非道徳的・非社会的な婬行をしない）」を「不婬（この日だけは婬行を一切しない）」に変え、正午を過ぎたら食事を摂らず、高く広い安楽な床で眠らないようにすることで、六斎日は僧に等しい生活をするのである。八関斎について教える経典はこれに関して、たとい在家であっても、八関斎をすることで六斎日だけは「阿羅漢と同じように〔清らかに〕生きる」と言い表している。

(3)八関斎を行う六斎日は、在家者の身心の清浄を保持するが故に、時には八関斎と直接的には結び付かない仏教行事を行う日に充てることも少なくなかった。例えば経典の講義である講経会の日を意図的に六斎日に充てることもあったし、経典の新たな漢訳を複数人が集団で作成する時に、その漢訳の開始日と完了日を共に二十三日とする場合があるなど、六斎日と漢訳日程を合わせることも多かった（横超慧日・諏訪義純『羅什』一九八二、参照）。その理由は、仏典漢訳事業の支援者として、皇室の在家信徒が寺で行われる漢訳開始や完了の儀礼に出席し、出家者と空間を共にするには、六斎日が理想的であったからである。

（4）身心を清らかにして仏や菩薩を一心に念ずることにより、その斎会を終了する直前直後の頃、毎回必ずというわけではないが、かなりの頻度でしばしば不思議な現象が起こったという記録がある。そうした摩訶不思議な出来事を宗教的現象や超常現象と表現してもよい。それは一日限りで終了する八関斎で起こることはむしろ稀であり、ある程度の長い期間に継続して行った不定期的斎会と結び付くことが遥かに多い。その例を二三挙げると以下の通りである。

先に名前に言及した僧の玄高（四〇二～四四四）は、北魏の皇太子に「金光明斎」を数日間行わせたことがあった。この斎は北涼の曇無讖訳『金光明経』懺悔品に説く懺悔滅罪の儀に基づいて経典の文言を一心に読誦する斎会であった。皇太子が教えられるままに懺悔を行うと、七日が経過した時、皇太子の父である道教徒の太武帝（在位四二三～四五二）の夢にその父と祖父とが現れ、謂われ無き讒言で皇太子を苦しめてはならぬと太武帝を叱咤したという（『高僧伝』巻十一。大正新脩大蔵経第五十巻・三九七頁下段）。

また、『高僧伝』巻七の僧苞伝は、僧苞が仲間と行った「三七普賢斎懺」をこう記している。

釈僧苞は京兆の人である。若くして関中［引用者注―現在の陝西省西安を中心とする一帯］において什公から学問を授かった。宋の永初年間（四二〇～四二二）に北徐州に旅をして黄山精舎に入り、さらに静と定の二法師のところに出かけて学問を深めた。そしてその地で三七二十一日間の普賢斎懺を催した折のこと、七日目になって、白鳥が飛来して普賢の座の前に止まり、正午になって行香の儀をおえるとやっと立ち去った。二十一日目の日暮れ方になって、また四人の黄色の衣装の者が現れ、仏塔のまわりを数回めぐり、忽然として見えなくなった。僧苞は若くして毅然たる節操があり、おまけに瑞祥の感応があったので、なまけまいとの気持ちはそのために一層激しくつのり、日ごとに一万言余りの経典を諷誦し、絶えず数百回にわたって仏を礼拝した。

（吉川・船山二〇一〇a・八〇～八一頁より引用）

三七普賢斎懺は、二十一日間ずっと、普賢菩薩（サマンタバドラ Samantabhadra）の像を前にして、普賢菩薩が応現し救済してくれることを願求する儀礼であり、自らの罪過を告白し身心を浄化する懺悔の儀をあわせて行う。この語は、僧苞が始めに学んだ「什公」すなわち鳩摩羅什が訳した『法華経』の最終章「普賢菩薩勧発品」に現れる。『法華経』同品は、『法華経』の教えを繰り返し学び身につけたいならば、三七日（すなわち二十一日間）一心に精進せよと説く。そして三七日を満たした時、普賢菩薩が六牙の白象（六本の牙をもつ白い象）に乗って修行者の前に現れると説く。また、鳩摩羅什訳『法華経』の後に漢訳された南朝宋の曇摩蜜多訳『観普賢菩薩行法経』（一名は『普賢観経』）は、『法華経』同品の内容をさらに敷衍し、普賢菩薩に見(まみ)えるためには、修行者は徹底した懺悔を行うべしと説く。こうした背景を合わせて考えると、右に示した僧苞伝の記事は、懺悔によって自らの身心を清浄に保ち、普賢菩薩が目の前に現れる宗教体験を得たいと願って行った儀礼とみなすことができる。儀礼の節目である七日と二十一日に不思議な現象が起こったことは、真摯な儀礼が成果をもたらしたことを暗示しているかのように読み取れる。

四、お経の読み方

仏教儀礼の中で経典を読み上げる時、読み上げる方法にも儀礼的性格が現れる。

前近代において経を読むとは、原則として音読することであった。従って経典を読むとは発声行為である。そうした発声行為としての経典読誦法に「転読(てんどく)」と「梵唄(ぼんばい)」の二種があった。いずれも仏教の伝来する以前には用例のなかった仏教漢語である。

聖典の具体的な読誦ないし朗詠を宗教儀礼という観点から検討する場合、経典の読誦を含む儀礼に何があるかと言えば、ほとんどの儀礼が何らかの読経を含む。ただ、その中でも在家者を中心に行う八関斎（上述）や、出家者が行う様々な斎会を挙げることができる。

まず八関斎の場合、八項目のうち第六項は、花や装身具で飾り香をつけ化粧したり、歌舞音曲をしたり見たりしないことであり、そこに音楽を禁じる決まりが含まれる。その場合、「歌舞音曲」に含まれる音楽とは、楽器の演奏や歌うことであり、世俗の快楽や興奮を避けよと八関斎は定める。

音楽や観劇を禁止する内容は在家の八関斎だけでなく、沙弥の十戒と比丘尼律にもある。しかしながら、中国の大乗仏教の場合、出家者の経典読誦や仏教儀礼で演奏される楽曲は禁止されなかった。感情をかきたてる世俗的音楽は禁止項目となったが、仏教儀礼における転読や梵唄は世俗的快楽や興奮と一線を画すものとして別に扱われ、禁止項目とはならなかった。そのため『高僧伝』を始めとする僧伝類は、僧が行った転読や梵唄の記事に富む。

【転読】　例えば『高僧伝』巻十三智宗伝は、南朝宋の智宗（四二九～四五九）が四衆（出家の男女と在家の男女）が集う八関斎において深夜に経を転読したところ、智宗の名調子は参加者たちの眠気を取り除くのに役立ったということを次のように記す。

> 釈智宗、俗姓は周は建康の人である。出家して謝寺に住した。博学で知識が広く、とりわけ転読に優れ、声は飛びきり清澄で爽快であった。たとえば八関斎の長夜、夜もふけて四衆はこっくりこっくりと舟を漕ぎ、睡魔にどっと襲われても、智宗が高座に昇っていったん転読を始めると梵音は雲を突き、心も体もリラックスし、さっぱりと眠気はさめるのであった。大明三年（四五九）に卒した。年齢は三十一。
>
> （吉川・船山二〇一〇b・三三五～三三六より引用）

このような記録から、中国において出家者の転読は認められていたことが分かる。では転読とはどのような読誦の仕方だったのであろうか。

転読とは何かを知ろうとして仏教語辞典の類いを繙くと、中国仏教における転読について誤った解説が多いので、注意を促したい。「転読」の「転」はどんな意味かが問題である。例えば代表的な仏教語辞典の一つである中村元『仏教語大辞典』（一九七九）は「転読」をこう説明する。

広義には経典を読誦することであるが、一つの経典全体を通読する真読に対し、単に経題や経の初・中・終の数行を略読するのを転読という。経巻をばらばらとひもとき、紙を繰って読経に擬した。この儀式を転経会（てんぎょうえ）または転読会と称し、巻数の多い経典は多くこの方法によったもので、『大般若経』六百巻の転読会は現在でも広く行われる。……。

類似の説明は他の辞書にも見られるから、これはよく行われる説明と言える。さらにこれと同じ意味の転読について、敦煌写本の権威として知られた藤枝晃は、こう解説する。

一巻の巻物を、四行とか五行とかごとに互い違いに折り目をつけるだけで、折本ができる。お寺にあるお経の形である。……『大般若経』の転読というのも、この形の本の効用の一つである。この経は六百巻もあって簡単に目を通せないが、一冊ずつ両端を左右の手にもって中身を空中にヒラヒラさせると、その一巻をすっかり読んだしるしになるのだそうで、日本の寺々では今日でもきらびやかな転読の儀式が行われる。ほかの形の本ではこの真似はできない。

（藤枝晃『文字の文化史』一九九九、二一四～二一五頁）

中村と藤枝が解説する転読は現代に伝わる転読である。それは折本（アコーディオンの蛇腹のように縦に折った本。帖装本）という書物形態を前提とすると指摘するのである。藤枝の同書によれば折本の成り立ちは早くとも八世紀末頃という。中村と藤枝の言う転読は、儀式の限られた時間の中で経典全体を読んだことを象徴的に示す行為である。経本の表の経題を、例えば玄奘訳『大般若経』（図13）すなわち『大般若波羅蜜多経』六百巻ならば「ダーイハンニャー・ハラミタキョー・マキダイイチー」と朗誦した後にその折本を掲げてアコーディオンのように左方から右方へバラーッと動かせばその巻をすべて音読したのと同じ効果があるとして、それを巻数の六百回行えば六百巻をすべて音読した行為を象徴するという意味で行うのが、この転読である。玄奘訳『大般若経』六百巻は大蔵経の中で最も長い。『大正新脩大蔵経』では三冊分、都

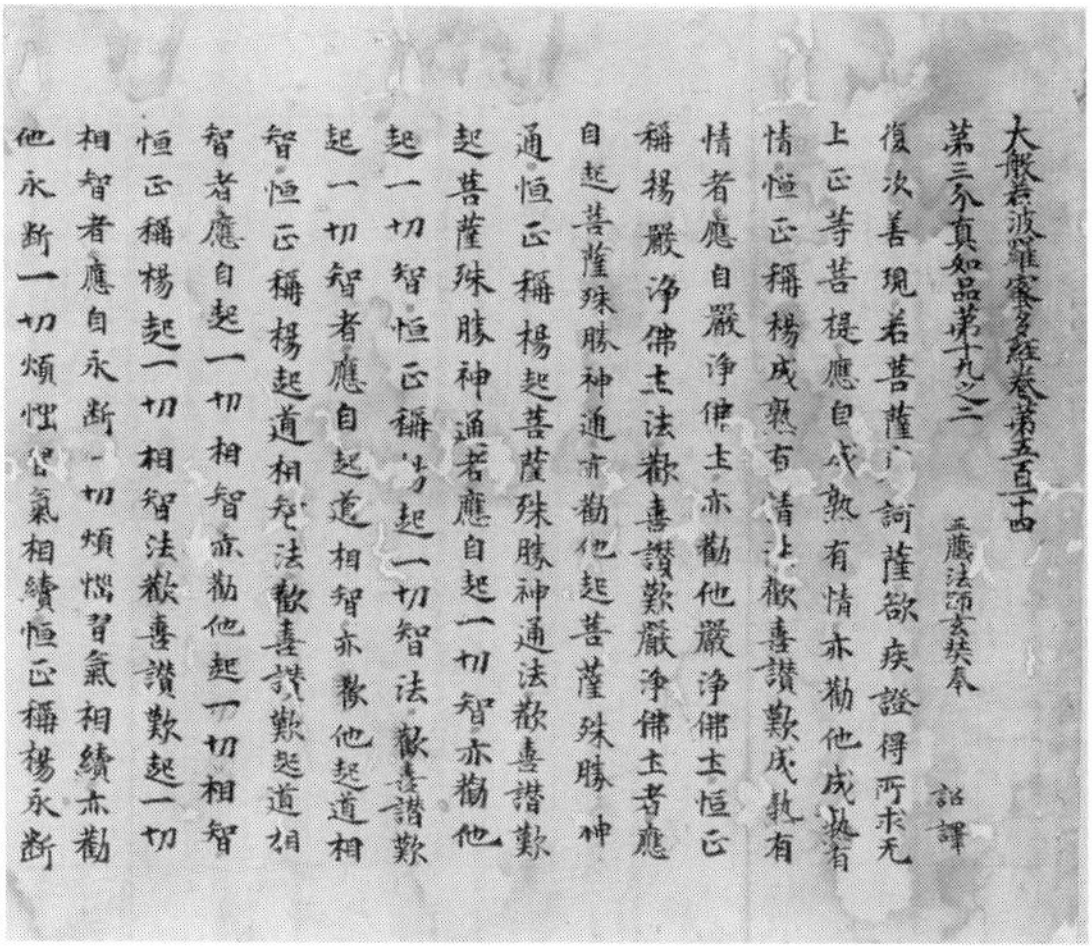

図13　玄奘訳『大般若経』

合三二六〇頁程に及ぶ。それを数時間の儀礼で読むことはできないため、このような「転読」が工夫されたのだった。因みにこの方法は、現代チベット仏教でマニ車という回転する仏具を信者が手で回すと、経典を一回唱えたのと同じ功徳があるとされているのに類似する。

ところが転読という語の来歴はさらに古い。右に引用した六世紀前半の『高僧伝』など、八世紀より遥か以前の文献に頻繁に用いられている。その頃の書物の形態は折本でなく、巻子本（かんすぼん）であった。それ故、巻子本の転読を折本の形態から説明することはできないのである。その場合、本来「転」とはどんな意味か大きな問題となり、研究者のあいだでも諸説ある。「転」は「此より彼に展転する義」である（織田得能『仏教大辞典』、一九一七）、「転」は「飜転することであり、もとは経巻を手にとってくりながら全部を読む意」である（『法蔵館仏教学辞典』、一九五五）、「転読とは経典の文章にある種の節をつけて念誦すること」であり、「転」は「囀」と同じい（澤田瑞穂『仏教と中国文学』、一九七五）と言われたりする。しかしいずれの説を採るにせよ、その説の根拠を一次資料に遡って指摘することはできていない。「転」は「囀」なりと解せば、確かに折本以前に「転」を用いることは納得できる。しかし大蔵経に「転読」の用例は夥しく存在するのに、「囀読」という語は一度も用いられていない事実を説明することができない。そこに「囀」と解する難点がある。しかしこれらの事柄を細かく説明し始めると、本論を大きく逸脱してしまうので控えよう。今は文献資料に基づいて、結論のみを簡略に示せば、以下のことは言えそうである。

梁の慧皎（えこう）撰『高僧伝』巻十三の経師（きょうし）篇は、転読に関するまとまった記録を伝える最も古い文献の一つである。それ故、『高僧伝』を基にして古い時代の転読の特徴を探ると、転読の記事は声の良さにしばしば言及する。例えば『高僧伝』巻十三の道慧伝は、道慧の転読をこう記す。

発声は素晴らしく、技法にきまった型があるわけではなく、一章一句ごとにめりはりがあり、あやがあって美しく明晰であった。

（吉川・船山二〇一〇b・三三五頁）

同篇の曇智伝はこうある。

当時、道朗、法忍、智欣、慧光がおり、いずれも他のことには理解が及ばなかったが、いささか転読の才があった。道朗は少しゆっくりと調子を取り、法忍は好んで激しく感情をぶっつけることに心がけ、智欣はつまった調子を得意とし、慧光は好んで飛びはねるように発声した。

（吉川・船山二〇一〇b・三四〇頁）

そして曇智自身についてもこう言う。

高くて朗々たる声に恵まれ、とても転読を好み、先人の模範に準拠しながらもずば抜けて新奇であり、高い調子は清澄でよく通り、余韻嫋々たるものがあった。

（同頁）

さらに『高僧伝』その他関連の書を調べると、転読は、楽曲や一定の旋律(メロディ)と関係せず、伴奏が付された記録も存在しない。転読はある程度まで自由な抑揚をつけて経典を朗読することだったと理解できる。

【梵唄】　次に梵唄について解説したい。梵唄について問題となるのは、まず、梵唄という二字の成り立ちである。「梵」という漢字は仏教伝来後に仏典を漢訳する過程において、ある種インド特有の言葉を音写するために作った新たな漢字である（船山二〇一三・一八二頁、船山二〇一七・四五九〜四六八頁）。同様に、「唄」もまた仏典漢訳で作られた新字である可能性があるが、不明な点も多い。とくに「梵唄」は漢訳にほとんど用いられないため、対応するインド語も同定できていないのが現状である。

では行為として見た時、「梵唄」とは何をすることであろうか。再び慧皎『高僧伝』巻十三を繙くと、経師篇という章の末尾に慧皎自身が同篇の内容総説として著した「論」（篇の内容を総括する評言）において、梵唄の特徴を転読と対比させて記述する箇所があるので、それを引用すると次の通りである。

ところで東方の中国の歌は押韻して詠嘆し、西方の賛は偈の形式で音声を調和させるのである。歌と賛との違いはあるけれども、しかしどちらも音律にぴったりとかない、音階に一致してこそ始めて深遠微妙なものとなる。それ故、歌を金石の楽器にのせて演奏すればそれを音楽と言い、賛を管弦に施すならばそれを梵唄と称するのである。

（吉川・船山二〇一〇b・三四八頁）

さらに梵唄と転読の相違について、慧皎は次のように説明する。

ところで天竺の地方の風俗では、およそ御法の言葉を歌詠することすべてを唄と称する。ここ中国では、経典を諷詠することを転読と称し、仏徳を歌讃することを梵唄と呼んでいる。

（吉川・船山二〇一〇b・三六一頁）

梵唄と転読は共にインド聖典朗詠のいわば中国版であることが分かる。恐らく伴奏なしに経典を歌い上げるように読むことを転読と称したと考えられるのに対し、梵唄は管絃楽の伴奏付きなのであった。少なくとも慧皎の生きた六世紀前半の建康における梵唄はそのようなものであった。

転読と梵唄にはさらにもう一つの顕著な違いがある。それは梵唄に関する記事では、例外なく、梵唄で歌い上げる経文は一定字数の反復であることが、その具体的事例から明らかに分かるということである。要するに、サンスクリット語の韻文を漢訳した五言の連続、七言の連続などであった。ただし漢訳では押韻しないから、厳密には韻文でない。

梵唄の「歌詞」となった経文を具体的に特定することができる場合があるので四つ紹介しておこう。

（1）三国呉の康僧会が作った「泥洹梵唄」は、それは「敬謁」という語から始まると慧皎の経師篇「論」は記すので、該当する経文を探すと、梵唄の歌詞は次の通りである（繁を避けるため現代語訳はしない）。

敬謁法王来、心正道力安、最勝号為仏、名顕若雪山。

譬華浄無疑、得喜如近香、方身観無厭、光若露耀明。
唯仏智高妙、明盛無瑕塵、願奉清信戒、自帰於三尊。

このような『般泥洹経』の偈が康僧会「泥洹梵唄」で誦えた経文であると特定できる（大正新脩大蔵経第一巻・一七九頁中段〜下段）。これは五言句の連続である。

（2）慧皎の同じ「論」は、梵唄「行地印文」に言及するので対応する経文を探すと、それは、

行地印文現、無畏威遠震、歯斉肩間迴、当礼釈中神。
我讃十力王、檀独歓喜誠、自帰仏得福、願後如世尊。

という『須頼経』の偈であると特定することができる（大正新脩大蔵経第十二巻・五六頁上段）。これも五言句の連続である。

（3）慧皎『高僧伝』巻十三の経師篇は支曇籥伝の本文中で支曇籥の作った六言梵唄「大慈哀愍」に言及するので対応する経文を探すと、『超日明三昧経』の次の偈と特定できる。

大慈哀愍群黎、為陰蓋盲冥者、開無目使視瞻、化未聞以道明。
処世間如虚空、若蓮花不著水、心清浄超於彼、稽首礼無上聖。

（大正新脩大蔵経第十五巻・五三二頁上段）

これは梵文の歌詞が六言句の連続である例である。

（4）慧皎は経師篇の「論」において「西涼州唄」というものが当時あったことに言及し、それは慧皎の当時は「面如満月」として知られていたという（吉川・船山二〇一〇b・三六二頁）。そこで対応する歌詞となる経文を探すと、次のものであったと特定することができる。

面如満月色従容、名聞十方徳如山、求仏像貌難得比、当稽首斯度世仙。

これは呉の支謙訳『太子瑞応本起経』に見える七言の偈文である（大正新脩大蔵経第三巻・四七七下）。

こうした四つの事例から判明する通り、梵唄の歌詞は字数が一定である。要するに、梵唄とは、一つの旋律を同じ字数の経文に適用し、言わば「替え歌」のように経文を管絃楽の伴奏に合わせて唱える仏教歌謡であったことを示すと解して恐らく間違いない。梵唄は字数の定まった文言を繰り返す偈文を歌詞とする点が肝要である。これを裏返して言えば、梵唄は偈のみを歌うものであり、経典の散文を梵唄で歌うことではない、句の字数が一定しない散文に関しては「梵唄」でなく、専ら「転読」をしたと推測される。

【「梵唄」という語の意味】「梵唄」という語の由来をはっきり確定することは難しい。漢字の中には仏教伝来以前の伝統中国には存在せず、仏典漢訳事業の過程でインド語の発音を音写するために新たに作られた、いわば仏教由来の新漢字がある。すべての漢字が中国文明の最初から存在したわけではなく、かなり後になってから作られた漢字もあったのである。その事情は、ちょうど日本に「国字」という日本製の漢字があるのとある程度似ている。仏教漢訳の過程で作られた漢字に「塔」があることを後述する（第四節の二、仏教建築、参照）。それと同じように「梵」という漢字も仏典漢訳を通じて作成された新漢字であった。ただし「梵唄」け梵語（サンスクリット語）の唄かインド風の唄という意味であろうが、詳しいことは決めがたい。

さらに「唄」という漢字の由来も不明である。今手元にある漢和辞典を引いてみると、『角川　新字源　改訂新版』（二〇一七）は「唄」を「梵語(ぼんご) pathaka(ママ) の音訳「唄匿(ばいとく)」の略」と解説する。『全解　漢字海　第二版』（二〇〇六）も「梵語の音訳語「唄匿(ばいとく)」の略」と言う。中国で出版された『漢語大字典』は「梵文 pāthaka 訳音的省文」と解説するが、唄匿という語は出さず、さらに第一音節を pā- と長母音で示す点で『角川　新字源　改訂新版』と異なる。ところが藤堂明保・加納喜光編『学研　新漢和大辞典』（二〇〇五）は、「梵語(ぼんご) bhāṣā の音写語「唄匿(はいのく)」の略。三国時代に作られた字」と異なる解説をする。「唄匿」は音写語であるとする点は三書すべて一致するが、原語を *pathaka/pāthaka* とするか *bhāṣā* とするかの違いは決して無視できぬ大きな相違である。しかし「唄」の元来の仏教語とされる「唄匿」は用例が稀少であり、あまり確定的なことけ言えないのが現状である。さらに『学研　新漢和大辞典』が「唄」を三国時代の新漢字とする点も注目すべきである。確かに「唄」は後漢(ごかん)時代の字書として有名な許慎(きょしん)『説文(せつもん)

解字』に挙げていないから、その後に作られた可能性がある。また、中国の儒学の古典にも「唄」は現れない。したがって「唄」も、「梵」や「塔」と同様に、仏典漢訳過程でインド語の単語を音写するために作った新漢字である可能性を否定できない。しかし確定的な結論に至る程に十分な文献資料があるわけでもない。

いずれにせよ、梵唄が何らかの意味で歌うことと関係するのは疑えない。既に見たように、『高僧伝』経師篇の「論」において梁の慧皎は、梵唄とは管弦楽の伴奏に合わせて仏徳を歌讃することであると述べているからである。極端に単純化すれば、梵唄は仏教音楽に含まれると言えそうである。

「仏教では音楽を禁じている。梵唄は歌讃であるから音楽の一種である。どうして梵唄は禁止されていないのか」と訝る人は決して少なくないに違いない。この問いに答えるには、仏教で禁ずる音楽とは何かを明らかにさせておく必要がある。すなわち仏教では、広い意味で音楽に属するもののすべてを禁止するのでない。感情や欲望をかき立て、興奮を高めるような世俗の音楽を禁じているのである。

『高僧伝』経師篇の「論」（経師篇を総括する慧皎自身の評言）において、慧皎の以下の解説は、梵唄の性格を知るのに役立つ。慧皎の考えを理解するには、彼の説明の進め方に意味があるので、長文の引用となるけれども、敢えて「論」の冒頭から紹介すると、およそ次の通りである。

そもそも哲学文学の著作は、思うに胸中の思いを十分に発揚し、感情志操を表現せんとするものであり、詠歌の作品は言語の味わいを流麗にし、言葉の響きが連なるようにさせるものである。それ故、『詩経』の序に「感情が心の中で動き、そしてそれが言葉となって表現される。言葉でもって表現しきれなくなると、それで詠嘆して歌うのだ」とある。ところで東方の中国の歌は押韻して詠嘆し、西方の賛は偈の形式で音声を調和させるのである。歌と賛との違いはあるけれども、しかしどちらも音律にぴったりとかない、音階に一致してこそ始めて深遠微妙なものとなる。それ故、歌を金石の楽器にのせて演奏すればそれを音楽と言い、賛を管弦に施すならばそれを梵唄と称するのである。そもそも聖人が音楽を制作したその徳は四つある。天地を感動させ、神明と感通し、万民を安らかにし、生命あるもののあるべきあり方を成就させる。もし梵唄を聴くならば、やはりその利益は五つある。身体は疲れず、記憶を失わず、心はだらけず、音声は壊れず、諸天は歓喜する。かくして楽神の般遮は石室で琴を演奏して甘露の初門を開いてくれるように頼み、浄居天は娑羅双樹林で舞踏し歌頌して一代の教化の恩徳に報いようとした。その間、時に応じて賛嘆詠歌し、またあちこちで音楽を演奏した。たとえば億耳は夜ふけに微かな声で仏を賛嘆し、提婆は梵天宮にまで声を響かせ、あるいは無相の主旨を竹笛にのせて演奏し、あるいは本行の音を琴瑟によって伝え、いずれも抑揚をつけて相手と感応し、仏に称賛された。

（吉川・船山二〇一〇b・三四八～三四九頁より引用）

右の論調から分かるように、明らかに慧皎は梵唄の価値を認め、五つの利点を指摘する。ここに示された五つの利点は、鳩摩羅什訳『十誦律』巻三十七にほぼそのまま基づく（大正新脩大蔵経第二十三巻・

二六九下段)。それ故、慧皎の勝手な解釈でなく、インドの『律』に基づく正統の説である。

さらに慧皎は、梵唄の事例としてインドの億耳という比丘をまず挙げる。億耳についても、慧皎は『十誦律』の一節を意図していると思われる。『十誦律』巻二十五に次の一節がある。

> 億耳は仏の部屋を訪れ、到着すると頭を地につけて仏の足に礼拝し、自らの坐る所に尼師檀(坐具のカーペット)を敷き、結跏趺坐した。両人は夜間にずっと坐禅したまま声を出さず黙然とした。夜半を過ぎ、夜の終わり頃になると、仏は億耳に、「比丘よ、唄いなさい」と語りかけた。億耳は、繊細な声を出して波羅延薩遮陀舎修妬路(パラーヤナ・サティヤ・ダルシャナ・スートラ *Parāyana-satya-darśana-sūtra* の音写か)を誦えた。仏は億尼を褒め称え、「素晴らしい、比丘よ、汝は法を素晴らしく讃歎した。汝はアヴァンティー国(現在のマディヤ・プラデーシュ州ウッジャイン及び周辺)の発音でそれを唱え、声は明洋で清らかで実に分かり易い。比丘よ、汝は教えを学ぶのも経を誦えるも好きなのだね」と言った。
>
> (大正新脩大蔵経第二十三巻・一八一頁中段。さらに吉川・船山前掲書三五二頁注6)

このように経の一節を歌う「梵唄」はインドの出家教団でも認められた読誦法であった。しかし中国ではインドの原語をそのまま使って生活や学修をすることなく、すべて漢訳した結果、インドの原語に備わる韻律を漢語でそのまま表現することは不可能であった。そのため、「偈」「偈文」「偈頌」と呼ばれる漢訳仏典の詩節は、五言や七言など同じ字数の句を反復する形をとることで原文は韻文であったことを形態的に示すことには成功したけれども、原文の逐語的意味を伝えながら句末で押韻することは困難を極め、実際にはほとんど実行されなかった。鳩摩羅什も玄奘も偈の押韻する漢訳を作ることはできなかった。

　ではインドの梵唄は中国にどのように伝えられたかと言えば、実際には中国の梵唄は中国で発明されたのであり、インドから伝来した読誦法ではなかった。そして中国独自の梵唄を創設したのは、三国魏の詩人、曹植（一九二～二三二）であったと伝承されている。慧皎もこの伝承に従って梵唄は曹植から始まったと記している。

　曹植は『三国志』魏書一九に立伝される有名な人物であるが、そこには梵唄のことは何も記されていない。現在知られている限り、曹植と梵唄・転読の関係を述べる文献は曹植の生前には遡れず、およそ五世紀前半頃に成立した二つの書物が最も早期のものと考えられる。その一つは五世紀前半の劉敬叔撰『異苑』巻五であり、次のように言う。

> 陳思王曹植、字は子建は、かつて魚山に登り、東阿（現在の山東省東阿）に臨んだ。すると忽ち岩窟の裏に清らかな誦経の声がして、遠谷に響き渡り、粛然として霊気を覚えた。曹植は無意識に恭しく衿を正して慎み、そこで安らかに過ごそうと思いたち、その声を学び体得した。今の梵唄はすべて曹植が学び作成したものに由来する。

もう一つの書物は、劉義慶（四〇三〜四四四）の『宣験記』である。この書の完本は現存しないが、唐の玄応撰『一切経音義』巻六（七世紀中頃）に次のように『宣験記』を引くのが参考となる。

……案ずるに『宣験記』に、「魏の陳思王曹植はかつて漁山に登った時、忽ち巌窟に経を誦する清らかな声がして、遠谷に響きわたるのを聞き、かくしてその声をまねて梵唄を製作した。それが今に至るまで伝わっている」と言われているのがそれである。……

これら二文献が『高僧伝』経師篇に明示されているわけではないが、恐らくは慧皎もまた『異苑』か『宣験記』に基づいて曹植の梵唄伝説を解説しているものと思われる。ただ、右の引用を読めば分かるように、曹植は中国に到来したインド人から梵唄を学得したのではなかった。山中の不思議な体験に基づいて梵唄を作成したに過ぎない。したがって曹植に端を発する中国仏教の梵唄は、「梵」という字を用いてもインド直伝の読誦法ではなく、あくまでインド風の感じを与える異国情緒の漂う抑揚を伴う、エキゾチックでゆったりとした、楽器伴奏付きの仏教歌謡であったと想像するのが自然であろう。

【声明とは？】　ここで仏教歌謡について蛇足を一つ。お経を歌うと言うと、「お声明」を連想する人はとても多いのでなかろうか。中村元『仏教語大辞典』を繙くと、声明とは「儀式に用いる讃詠。節をつけて経文を諷頌すること。梵唄ともいう」云云と解説されている。これには少し補足が必要である。梵唄と声明は同じではない。そもそも中国中世の仏教文献で「声明」を「梵唄」の意味で用いることはない。「声明」はサンスクリット語の漢訳であり、文字通り、音声（「声」）に関する知識（「明」）を意味する「シャブダ・ヴィディヤー śabda-vidyā」の逐語訳である。この原語の意味は歌謡と何の関係もなく、文法学（グラマー grammar）とりわけサンスクリット文法学を意味する。この語を所謂「お声明」の意味に転じたのがいつ頃かわたくしは知識不足で知らないが、「お声明」は「御詠歌」と共にほとんどは日本仏教で和歌や和讃に節をつけて歌うことである。中国仏教で一般的に用いられた語ではない。

五、形式性の意義

儀礼を通じて仏教の教えを実践する時、儀礼をすべき理由は何であったろうか。これについて明確に説明を加える原典（一次資料）があるかどうか、わたくしは残念ながらよく知らないので、敢えて想像を交えて、可能な回答を考えてみたい。

儀礼は、寺で出家僧が行うことが多い。ただしその場合でも在家が参加し易い六斎日——月の八日・十四日・十五日・二十三日・二十九日・三十日——を儀礼日とすることはかなり多かった。その理由は熱心な在家信徒が参加できるようにする配慮と共に、皇室貴族などからの経済的支援——財施——を受けやすいという面もあったと考えてよかろう。

儀礼を行う主体は、在家であった場合もある。例えば、個人の邸宅で行う八関斎——これもまた六斎日に行う——その他で在家が「斎主（さいしゅ）」として全体を取り仕切り、かつ金銭的負担を請け負う場合である。在家が行う斎会には読経のためや経典の内容を説くため、あるいは坐禅の仕方を指導するためなどの目的で出家僧が一緒に過ごす場合もあったことが仏教史書から分かるが、出家者が関与する場合でも、主体はやはり在家者であった。

儀礼の作法は、すべて経典で定められた手順に則って行われた。儀礼は仏の教えにそのまま従い実践することである。もし仮に儀礼の仕方が仏と無関係で俗人が恣意的に創案したものだったとしたら、儀礼を行ってもそれは仏の教えを体現するものとならない。特に在家信徒が仏説を知悉せぬまま勝手に儀礼を行うならば、その方法は仏説と乖離する場合も生じるから、仏教儀礼をしても儀礼のもたらす効果――仏や菩薩の応験を告げる不思議な現象など――を期待することはできないであろう。このように見てくると、儀礼をすべき理由の一つとして、仏が定めた正しい手順や作法に従うことによる効果実現の可能性が、儀礼の必要とされた背景として、考えられるのではないだろうか。

本シリーズ第二巻第一章では、岸野亮示氏に、インドの律蔵の儀礼的側面から見た日本の法会について概説を願う。第三巻では、画期的近刊『北朝仏教造像銘研究』（二〇一六）の著者である倉本尚徳氏に、六世紀後半頃を中心として、中国南北朝時代の北朝の仏教石窟と石刻資料より知られる実践について、新たな資料と論説を期待している。

第四節　仏教文化の広がり

仏教の伝来によってインドの文化を同時に受容した中国や日本において、仏教は、文化の根底となる部分にも多大な影響を及ぼした。本節ではこれに関して、経典を写経することと、仏教によって建築にも変化が生じたことを扱う。これは、本シリーズ第四巻第一章「写経と仏画――わが身で表す信仰」への序章を兼ねる。執筆者の村田みお氏は、中国哲学史の立場から仏教と関わる行為を扱う。自らの血を混ぜた墨で写経する行為や金を用いて写経することなどについて専論を出版してきた。村田氏の関連論文としては、村田みお「金字経の思想的系譜――中国六朝期から日本平安期まで」（『東方学報』京都八八、二〇一三）その他がある。

一、写経と木版大蔵経

写経とは、経典を手で書き写す行為である。仏教は経典を尊ぶから、写経を行為として見ると、そこには注意すべき事柄がある。そもそもインドにおいて聖典は音で伝えるものであり、筆写するものではなかった。仏教以前のヴェーダ（インドの伝統バラモン教における最古の聖典）などにこれが当てはまる。仏典においても釈迦の生前はもちろんのこと、部派仏教の時代も仏教徒は長らく、経（スートラ、ブッダの説法内容）と律（ヴィナヤ）は暗誦し、声と耳で世代を越えて伝承した。

現在知られている限り、仏教の経（スートラ）を書写した初例は、西暦前一世紀頃、スリランカにおいてであったとみなされる。当時、スリランカの仏教僧は大寺（マハー・ヴィハーラ）を中心に活動していたが、同じ頃、新勢力の無畏山寺（アバヤギリ・ヴィハーラ）の僧たちが仏説を異なる意味に解釈する活動を新たに始めた。これを機に、保守派であった大寺は、経典の内容を後代に正しく伝えるために文字で書き残し、経文を変えることがないよう、伝承を固定化した。これが経典書写の始まりと考えられているのである（より詳しくは、水野弘元『経典——その成立と展開』、一九九〇、参照）。仏滅後およそ三、四百年のあいだ、スートラは口伝されていたが、仏教内の見解の相違を原因として書写が始まったのである。

さらにその後、紀元前後の頃、大乗仏教が生まれると、当時はいわば新興宗教に過ぎなかった大乗が自らの新経典を速やかに流布させるため、経典書写を強く推奨し、書写の風潮は益々定着した。例えば初期大乗経典として著名な『法華経』が、『法華経』を「誦」し（＝唱え）、「解説」し、「書写」（＝経典を書写）することの功徳を繰り返し力説するのは、典型的な事例である。サンスクリット語や漢語など言語の別を問わず、『般若経』諸本のうち最も古い完本は後漢の支婁迦讖（しるかしん）訳『道行般若経』であるが、やはり「般若波羅蜜を書し、経巻を手に持つ」ということの重要さを繰り返し説いている。

中国に仏典を伝えた人物は、現在知られている限り、後漢の安世高（あんせいこう）が最初であり、次世代に支婁迦讖が現れたから、中国仏教徒は歴史のほぼ最初期から大乗に親しんできたと言える。そのような国で仏典の書写が重視され、奨励されたのは当然であった。そもそも中国人にとって仏典とは何かと言えば、インドの言葉を記憶で伝えたものでなく、漢語に訳し、書写したものを指した。仏典漢訳においては経典をインドからもたらした人に最大の敬意を払ったのは言うまでもないが、それに優るとも劣らない程重視された役割は「筆受」と言い、口頭で示された訳語を漢字で書き留める係であった。いわば漢字で書写したその時から仏典は役割を担い始めた。文字で書き記す行為と仏典の発生及び伝播は、中国仏教においては、始めから不可分の関係にあったのである。

中国には経典の功徳や写経の功徳を説く逸話が多い。例えば唐の道世が編纂した仏教百家全書『法苑珠林』や僧伝の代表である梁の慧皎撰『高僧伝』、唐の道宣撰『続高僧伝』、北宋の賛寧撰『宋高僧伝』、そして仏書ではないが、北宋の李昉の編纂した『太平広記』の報応篇には、経典書写がもたらした奇瑞の数々を記す。それらの概要や分析は本シリーズ第四巻に収める村田みお稿を期待していただきたい。

今は経典書写と関わる逸話として一つだけを紹介しておこう。七世紀中頃の唐の唐臨（とうりん）撰『冥報記（めいほうき）』に、写経を入念に行ったある尼僧の様子が記されている。

河東郡（現在の山西省夏県の辺り）に、阿練若行（あれんにゃぎょう）と呼ばれる厳しい修行をする尼僧がいて、絶えず『法華経』を唱えていた。書法に巧みな人を訪ね、いつもの数倍の額を払い、汚れのない清浄な部屋で『法華経』の写経をするよう依頼した。目覚める度に必ず沐浴して〔身を清め〕、香を焚いて衣服に薫じ、写経する部屋には壁から外に穴を開けて竹筒を嵌め、写経者が息を吐く度に竹筒から〔その汚れた〕吐息が壁の外に出るようにした。〔『法華経』〕全七巻の写経に八年かかってやっと終了し、それを厳かに供養し、恭しく敬意を尽くした。

龍門の法端（ほうたん）という比丘は常日頃から人々を集めて『法華経』を講じていた。この尼僧の経巻が素晴らしいので、使者を遣わして借り受けようとしたが、尼僧は固く拒み、手渡さなかった。法端が謙（へりくだ）って頼んだので、尼僧はやむを得ず、自ら送り届けた。法端らが経巻を開いて読もうとしたところ、見えるのはただ黄色い紙で、まったく何も文字が書いてなかった。さらに別の経巻も開いてみたが、どれもみな同じだった。法端らは恥じ恐れて、すぐに尼僧に経を送り返した。

尼僧は悲しみで泣きながら経を受けとり、よい香りの水で経を収めた函（はこ）を洗い清め、沐浴して巻子（かんす）を頭に戴き、仏像のまわりを巡り歩いて〈礼拝した〉。それを丸七日七夜少しも止めずに行った。そして経を開いて見れば、文字は元のまま〈書写されていた〉。これは貞観（じょうがん）二年（六二八）、法端が自ら臨（わたくし）に語ったことである〈法端は〉尼僧の実名を語ったけれども、臨（わたくし）は失念してしまったため、〈尼僧の名を示さずに〉その記事だけを記録する〉。

（唐臨『冥報記』巻上。大正新脩大蔵経第五十一巻・七八九頁上段〜中段）

ここでは経典は清浄なものであり、人間の吐息で汚してはならないという考えが前提となっている。本書第一章第一節に紹介した『目連問戒律中五百軽重事経』（原形は『五百問事』）にも次の問答がある。

問い。お経が塵や土や草の葉が汚れていたら、それを息で吹き飛ばしてよいか。

答え。ならぬ。

（大正新脩大蔵経第二十四巻・九七四頁上段）

次に、仏教経典の体裁は、始めは写本（手書き筆写本）であったが、ある時代から木版印刷に変わった。

前近代東アジアにおいて、仏典は記憶と口承伝達による時代から書写（手書き）の時代へ、そして木版印刷で大量に流布した時代へと変わっていった。木版大蔵経が歴史に登場したことは仏典の社会的普及を知る上で看過できぬ大事件であった。手で書写することには量的な限界があり、一度に多数の写本を制作することができなかった。また手書きすると、どんなに注意していても、誤写・語順の逆転・文字の脱落は避けられない。木版大蔵経が生まれたのはインドではなく、中国であった。しかも年代的に必ずしも早いと言えぬ、北宋の開宝四年（九七二）に四川の成都で開板された、「開宝蔵」と通称される大蔵経が世界初の木版大蔵経であった。

木版印刷の普及は二つの画期的効果をもたらした。第一に、経を制作する量が飛躍的に増大した。第二に、版木からまったく同じ書式で同じ文字の印刷物が作成可能になった。これによって大蔵経を一揃いまとめて一時に複数制作できるようになった。開宝蔵以後、北宋・南宋・元・明・清の諸王朝で多くの木版大蔵経が制作されたが、木版大蔵経という仏典の技術革新は漢字文化圏に止まらず、チベットにも普及した。多くの場合、チベット仏教はインドから影響を受けたけれども、少なくとも大蔵経について言えば、木版印刷技術は中国から伝わったものである。チベット大蔵経の最初の版本は明代の西暦一四一〇年に北京で開板された永楽版カンギュルであった。地域も年代も中国文化を基にしていることを示している。

二、仏教建築

仏教が、本国インドは勿論、伝播先の中国・日本・チベットなどの諸地域でも様々な文化的影響を及ぼしたことは、建築にも言える。インドの場合、仏陀の遺骨である舎利を納めるストゥーパの形は仏教特有である。地面より高くなるように基壇をしつらえ、その上に覆鉢と呼ばれる半球状の土石を盛り、その中に舎利を埋めた。半円球の上には傘蓋（傘状の棒）を立てた。基壇の形は方形である場合（ガンダーラ様式）と円形である場合とがあった。図14も合わせて参照されたい。

図14　インド・サーンチーのストゥーパ

ストゥーパは要するに仏の墓である。本来は荼毘に付した後の仏骨——真身舎利——を祀ったが、後代には遺骨の代わりに宝石を埋蔵したり、仏の本体という意味で経典を収めたりするようにもなった。

仏教が中国に伝来すると、当然、ストゥーパも聖遺物を奉納する礼拝対象として中国に伝わった。ところが仏教伝来以前の中国文化には、ストゥーパという建築も、それを表す語も存在しなかったため、中国人はサンスクリット語「ストゥーパ *stūpa*」に対応するプラークリット語「トゥーパ *thūpa*」の発音を漢字で模写し、かつ漢字の形もある程度まで意味を伝えるようにするため、それまで存在しなかった漢字を創設した。すな

図15　奈良・薬師寺東塔

わち元から存在していた「荅」に、土盛りして作るという含意の「土」（土偏）を加えた「塔」という漢字がそれである。これはトゥーパの「トゥー」に相当する音価を示す発音記号のようなもので、音写専用の漢字であり、意味を表すものでなかった。そのため、現代の日本語でも「塔」を「トウ」と音読みすることはできるが、訓読みで意味を表示することができない。参考までに補足すると、駄洒落のような話題だが、ストゥーパ／トゥーパは高い建物であるけれども、例えば英語で言うところのタワー tower とは語源的にまったく関係しない。

因みに仏教伝来後、仏典漢訳事業の過程で新たに創作された漢字は他にもある。例えば「梵」「魔」「僧」「薩」「鉢」「迦」「袈」「裟」などは、みな仏典漢訳の際に漢字で原音を音写するために作られた新字である。こうした仏典によって作られた漢字について、もう少し詳しく知りたい方は、船山（二〇一三・一八一～一八七頁）を参照されたい。

漢字の創作だけでない。インドのストゥーパは中国の建築様式にも影響を与えた。五重塔、七重塔などの塔建築がそれである（図15）。注意すべきことに、中国ではインドのストゥーパの形をそのまま再現したわけではなかった。「ストゥーパ」が「仏塔」と呼ばれるようになったのと同時に、建築としての様式も大きく様変わりした。中国式の仏塔は、インドのストゥーパから土盛りした中心部が消え、傘状の部分が五重や七重、十重などとして突出して発達した。素材も石や粘土でなく、木製が主となった。そして中国の仏塔の中に釈迦の遺骨が奉納されることはほとんどなくなった。仏塔から覆鉢が消失した以上、遺骨を納める部位を失ったというわけである。ただ、極めて高層の建築物として仏塔は中国の建築様式と建築技術に新たな息吹を与えた。

北魏の都、洛陽における仏寺を詳細に記す文献として、北魏の楊衒之撰『洛陽伽藍記』がある。その巻一冒頭に永寧寺を取り上げ、その境内に信じがたい程の高い仏塔が建立されたことを記す。

> この境内には九重の塔が一基あって、木を組み上げて建てられ、高さは計九十丈。頂きにはさらに金色の刹竿（相輪）が十丈、全部で地上千尺の高さになり、都から百里離れたところからでも望見できた。
>
> （入矢義高訳注『洛陽伽藍記』、一九九〇、一八頁）

この塔は基壇のみ現存し、残念ながら高さを窺わせるような考古学的遺物はないようであるが、もし文面をそのまま素直に信ずるならば、塔高九十丈は二百五十メートルを超える。相輪も含めると地上千尺すなわち百丈になるというから三百メートルに近い高さとなり、果たして楊衒之の生きた六世紀中頃にこれだけの木造高層建築が存在したとは信じがたいと言うほかない。この数字が誇張でないとしたら、実に驚くべき建築技術だったことになる。

高さの記録の真偽はともかくとして、高層の仏塔を建立するのに多大な労力と費用を要したことは間違いあるまい。これに関して、時代は遡り、北朝でなく南朝の事例となるが、南朝宋の明帝（在位四六五～四七二）が都の建康（現在の南京）の湘宮寺に建立した仏塔にまつわる次の話は、奈良の東大寺大仏にも通じそうな民衆の汗と涙の上に完成した建築だったことを示している。

> 明帝は旧宅をもとに湘宮寺を建立した。費用は莫大で奢侈を極めた。〔先の〕孝武帝（在位四五三～四六四）の建てた荘厳寺の仏塔が七層（七重塔）だったので、明帝は十層の仏塔を建てようと思った。しかしできなかったので、塔を二つに分け、それぞれ五層とした。新安太守の巣尚之が職を退いて郡に戻る時、帝に拝謁したところ、帝は、「卿は湘宮寺には行ったかね。私が建てたのだが、大功徳というものじゃ」と言った。虞愿は側に侍り、「陛下はこの寺をお造りあそばされましたが、それはすべて、しもじもの者が子を売り、妻を抵当にして得た金なのです。仏が知り賜うたら、さぞかし悲しんで声を出してお泣きになり、哀れに思うでしょう。罪は仏塔よりも高いのですぞ。何の功徳がありましょう」と言った。尚書令の袁粲はそこに坐っていたが、このことで凍り付いた。帝が怒り出したので、すぐに殿中から下がらせようとしたが、虞愿はおもむろに去ってゆき、何食わぬ顔だった。
>
> （『南斉書』虞愿伝）

明帝は仏教を信仰する皇帝を自任したが、その実は肉親をも殺戮する横暴な面を有していた。南朝宋の孝武帝と明帝の頃に皇室内で血みどろの後継者争いを行っていたことについて、東洋史学者の川勝義雄による目に浮かぶような見事な概説があるので紹介しておきたい。

> 血にとりつかれた権力者は孝武帝にかぎらない。つぎの前廃帝（四六四～四六五在位）もそうであったが、これを殺して位についた明帝（四六五～四七二在位）は、こんどは死んだ兄、孝武帝の子を十六人も殺した。孝武帝にはまだほかに十二人の子がいたが、これはその次の後廃帝（四七二～四七七在位）にことごとく殺されてしまった。順帝（四七七～四七九在位）をはじめ、生き残った劉氏一族は、宋王朝にとって代わった蕭道成、すなわち南斉王朝の創建者高帝によって完全に消されていった。
>
> 「ああ、もう二度と王家には生まれたくない」
>
> 宋の一王子が発したこの悲痛な叫びは、権力の家に生まれたものの嘆きを代弁する。
>
> 宋朝の滅亡は、第一にこのような皇族相互の血で血を洗う惨劇に起因する。……中略……
>
> 劉氏一族を根こそぎ殺した蕭道成は、わが子の蕭賾すなわち武帝をいましめて、劉氏一族の二の舞をせぬようにと注意した。この注意は武帝にだけはすこしきいた。しかし蕭道成の甥の蕭鸞が立って明帝となったとき、血の惨劇は劉氏のときにまさる規模でふたたび荒れ狂う。蕭道成の子孫はつぎつぎに引っ立てられてきた。赤ん坊には乳母もついてゆかされた。仏教信者であった明帝

は、まず焼香して涙を流した。すでに毒薬の調整が命ぜられ、棺おけ数十が用意されていた。その夜ふけ、棺おけがつぎつぎにふさがっていった。明帝が焼香して涙を流すときは、その夜だれかが殺されるのだった。

（川勝義雄『魏晋南北朝』、二〇〇三、二五一～二五三頁）

何とすさまじいことか。このような中で帝室は仏教を信じる姿を示しつつ、骨肉の争いを続けたのだ。仏教は慈悲に溢れるとか、不殺生を貫くとか、懺悔すれば救われるとかの綺麗事では済まされない現実がここにある。因みに「ああ、もう二度と王家には生まれたくない」は、『宋書（そうじょ）』巻八十の始平孝敬王子鸞伝に、明帝が焼香して涙を流す話は、『南斉書（なんせいしょ）』巻四十の臨賀王子岳伝に見える。

こうしたおぞましい時代において、先に引用したように宋の明帝を諫めた虞愿が事なきを得たのはまったく不思議な程である。仏寺と仏塔を建立するのに万民が泣く思いをしたという血生臭き豪華絢爛の様は、衆生救済を説く仏教の建築であることを思うと、まったく皮肉としか言いようがない。

仏教と建築の繋がりについては、他にも例えば庭園による仏教世界の表象化や、寺院建築、大蔵経を納める建築としての経蔵（特に回転式の輪蔵）、禅堂（坐禅に最適な建物）、石窟寺院の造営など論ずべき事柄は多いが、今は触れる余裕がない。

三、笑いと娯楽

本シリーズ第四巻第二章は笑いと娯楽を扱う。執筆者の石井公成氏は正に本シリーズの内容そのものと言える『〈ものまね〉の歴史――仏教・笑い・芸能』（二〇一七）や、酒と仏教を題材とした、知る人ぞ知る名著と噂される論文「仏説摩訶酒仏妙楽経謹解」（『駒澤大学仏教文学研究』一二、二〇〇九、三七～八八頁）、その他多くを公表している。

わたくし自身は洒落の通じない詰まらぬ人間なので、仏教の笑いについて、気の利いたことを言えそうにない。だからこそ専家に執筆をお願いしたわけだが、逃げ口上ばかりでは見苦しいので、無粋ながら、馴染みのあるところに少しだけ触れることにしよう。

仏教の基本に、この世の現象は苦も楽も含め、とどのつまりは苦であるという「一切皆苦」の思想がある。この世は苦しみばかり。そんな仏教に笑いはあるかと言えば、実は仏教は笑いとかなり結び付く。釈迦はスートラを説いた時、喩え話をしきりに用いた。難しいことは分からない普通のおじさん・おばさん・兄さん・姉さんに分かり易く、喩えをふんだんに使って普通の言葉で語って聞かせ、教えに導いた。そうした譬喩の中にはつらく悲しい話も惨い話もあるが、笑ってしまうような話もあり、よく出来たストーリーに事欠かないのが仏典である。

仏典の喩え話には落語に繋がるものがあるとも言われる。梶山雄一は「落語と仏教」という短文で「粗忽長者」の噺を挙げている。また、インドの大乗仏教で空の思想を説いたナーガールジュナ（龍樹）の一生を描いた『龍樹菩薩伝』には、ナーガールジュナが出家する前、自らの姿を他の人から見えなくなるようにできる妙薬を手に入れ、王宮に忍び込み、美女たちに勝手放題をして孕ませたという一段がある（大正新脩大蔵経第五十巻・一八四頁中段）。この経験からナーガールジュナは欲望は苦を生むことを学び、出家するに至った。身を消すなどまるで透明人間そのものではないか。梶山（同文）は、ナーガールジュナの話は落語の「かくれ蓑笠」のネタになったとも指摘する。

出家者が書いた仏教書には、かなり露骨で、俗に満ちた喩えも見られ、誰を読者に見立てているのか考え込んでしまう場合すらある。例えば七世紀のインド仏教に革新的な認識論と論理学をもたらしたダルマキールティ Dharmakīrti は、本当に存在するものと、名ばかりで仮の存在に過ぎないものとを区別するため、「効果的な作用（役に立つ働き、*arthakriyā*）をするものが真実在である」という革新的な定義を作り、仏教哲学を一新した。効果的な作用とは、例えば、本当に存在する水には渇きを癒やす作用があるから、ある物質を飲んで喉の渇きが癒やされたなら、それは本当に存在した水である。他方、もし遠くに水があるように見えたので追い求めても、もし陽炎だったら渇きを癒やせないから、陽炎は真に存在する水ではない。

ダルマキールティは、おそよ賢者は効果的作用を為すものを追求し、その作用なきものには欺されないことを喩えてこう言う。図16は「ダルマキールティ著『プラマーナ・ヴァールティカ』」原典当該部である。

効果的な作用を求める者が、その作用を為さないものをどうして詳しく調べたりしようか。
〔例えば〕好色な女たちが、性的不能者の見かけの良し悪しをどうして詳しく調べたりしようか。
（ダルマキールティ『プラマーナ・ヴァールティカ *Pramāṇavārttika*

शब्दार्थापह्नवे साध्ये धर्माधारनिराकृतेः ॥२११॥
न साध्यः समुदायः स्यात् सिद्धो धर्मश्च केवलः ।

यदि शब्दार्थस्यैवापलापे प्रधानशब्दवाच्यस्य धर्मिणो हि निराकृतेः साध्यधर्माश्रयाभावः स्यात्[6]। तद् अयं आधारव्यवच्छेदानपेक्षो न विवादास्पदमिति नोपन्यसनीय एव ।

अपि च ।

सदसत्पक्षभेदेन शब्दार्थानपवादिभिः ॥२१२॥
वस्त्वेव[7] चिन्त्यते ह्यत्र प्रतिबद्धः फलोदयः ।
अर्थक्रियाऽसमर्थस्य विचारैः किं तदर्थिनाम् ॥२१३॥
षण्ढस्य रूपवैरूप्ये कामिन्याः किं परीक्षया ।

न हि शब्दार्थोऽसन् कंचित्[1] पुरुषार्थमुपरुणद्धि, सन् वा समादधाति । यथाभिनिवेशं तस्याऽसत्त्वात् । यथातत्त्वं वाऽनवस्थितत्वात्[1] ।

図16　ダルマキールティ『プラマーナ・ヴァールティカ』当該詩節

（正しい知識手段の詳しい解説）』第一章、第二一一詩節）

存在と認識に関する思想を出家僧が論議するのに、どうして不能者（インポテンツ）を喩えにするのか。正直なところ、わたくしにはいまだによく分からない。僧は（ダルマキールティだけは？）いつもそのようなことを考えているのか。仲間うちの他僧の失笑を誘おうとしたのか。それとも大乗の書であるから在家を読者に想定し、俗受けを狙ったのか。……真相は分からないが、ある種の笑いを生むのは確かである。

また、仏教には言葉を用いた娯楽も少なくない。例えば仏教教理学の用語をもじった言葉遊びがある。説一切有部の難解なアビダルマ教理学書として名高い『倶舎論（くしゃろん）』は、『アビダルマ・コーシャ *Abhidharmakośa*』というサンスクリット原題の「コーシャ」（蔵、倉庫）を「倶舎」と音訳するのに因む名であるが、ほとんど煩瑣な程までに体系化された理論を説く書であるが故に、内容を完全に理解することは至難を極める。そこで日本では

「唯識三年、倶舎八年」という語が生まれた。もちろん「桃栗三年、柿八年」のもじりである。その意味はと言うと、どうも解釈は一定しないらしい。唯識（大乗の瑜伽行派の教義）を学ぶには三年かかるが、倶舎学には八年もかかるという理解を正しいとすることもあれば、倶舎を八年学んだ後に唯識を学べばあと三年（合計十一年）かかるが、難しい唯識の学習もわずか三年で済むと理解すべしという説もある。実際に学ぶ教科書の長さを示すという説もある。この辺りをさらに知りたい方には、舟橋尚哉「「唯識三年、倶舎八年」考」をお読みになるのを奨めたい（『印度学仏教学研究』第四十六巻第二号、一九九八、七六〜八一頁）。また、『倶舎論』の難解な教理学を読んでいると頭が倶舎倶舎（クシャクシャ）になるとかならぬとかとも言うらしい。

『倶舎論』に含まれる術語を七五調の和歌仕立てで述べた概説書として、「涙なしの倶舎論」を謳う受験参考書のような『倶舎論名所雑記』という六巻本が、一八八七年、倶舎学の大家である佐伯旭雅（さえききょくが）によって出版された。そこには例えば、倶舎学の中でも特に難解な「得（とく）」と「非得（ひとく）」という術語を説明するのに、分かったような気持ちになっても本当に奥深い理解には至らないことを「得非得の薄霞（うすがすみ）」と一筆書きする。江戸以来の日本倶舎学の伝統が生んだ言葉遊びである。「得」と「非得」というアビダルマの用語が何を指すかは、専門家でも薄霞の彼方に見え隠れする程難しいということなので、ずぶの素人わたくしの無茶な説明は省きたく御許しを乞う。兎（と）に角（かく）（何とこの言葉も仏教に由来する！）、佐伯旭雅師の『倶舎論名所雑記』巻一にこうある。

……

然ルヲ宋の僧伝ニ、倶舎宗宝ヲ定トスト、僧伝書イタハ何事ゾ、
此等ノ分別一一ニ、法ガカハレバ扱ヒモ、替ルデナカヽヽ紛（マギ）ロシイ、
旧（フル）イ学者ノ諺ニ、得非得ノ薄霞、能ク言ヒ合シタ諺ヨ、
年々見テモ吉野山、路ノ紛レモ無理ナラズ、調度時候ノ霞哉。
次ノ名所ハ四相段、有為ノ法体滅不滅、……

このような解説を読むと、自然とこちらも合わせて、「涙流して学ぶ身に、涙隠してのたまいし、倶舎学専家の勘どころ」とでも返したくなる程サラリと名調子ではないか。

ついでに蛇足を一つ。第一章第四節の二の末尾に「不許葷酒入山門」という石柱について付論した。なお、同じ意味でさらに詳しく「不許葷辛酒肉入山門」と表す石柱もある（図17）。

いずれの場合も、ある種の苦し紛れと言うべきか、開き直りと言うべきか、ものすごい異説があるとの噂を耳にする。通常の意味として、

図17　不許葷辛酒肉入山門

本来は、「葷（くん）・酒（しゅ）、山門に入（い）るを許さず」と訓じ、五種の葷辛も酒も寺門より内に入ることを禁ずるのであるが、山門中には葷辛大好き人間もいるらしい。確かに原文がやや妙な語順とは言えるが、無理矢理、別の訓みをすることがあるらしい。あくまで俗説として読み流して欲しいが、「不許葷酒入山門」という白文に「不許、葷酒入山門」と点を入れ、本当は認められないが、葷辛と酒は山門に入って来ると困り顔をしてみせる解釈が一つ。さらに上手のアクロバット的解釈がある。なんと大胆にも、「不許葷、酒入山門」と点を入れ、葷辛は許可しない、が、酒なら山門に入ってよしと、飲酒避け難きを憂いつつ嬉し顔の説である。読みにくい漢字の羅列なればこそ、無理な解釈の言葉遊びをするというわけで……どうかお忘れを。

第五節　現代社会と向き合う

一、社会の幸せのために

社会や国家に生きる人間にとっての精神的満足・安楽・充足感は、仏教史の最初期から無縁でなかったが、現代社会に対する仏教の対応という点で注目されているのがブータン王国の政策である。かつて「ブータン」から連想したものは、わたくしの場合、特徴ある数々の切手・和服を思わせる着物・蕎麦料理などだったと記憶する。しかし現在は「ブータン」と言えば、ＧＮＨすなわち「国民総幸福量」という言葉であろう。ただ、正直なところ「ブータンと言えばＧＮＨ」と連想はするものの、イメージが先行するだけで、実際のところ何も知らない人が多い。どうやら物質的豊かさとは異なる満足があるという立場を国策としているらしいと、これまた曖昧な印象である。ブータンがネパールの東の辺りに位置すること、チベット系であるらしいことも聞くが、ブータンとチベットの関係やブータンの言葉、インド・ネパール・バングラデシュといった近隣諸国との関係もよく分からない。ただし宗教と結び付く（らしい）ブータン国家政策は、いわゆる先進諸国と異なるからこそ、人類の将来にとって要となる見方や発想の転換を促してくれそうだ。こうした漠然とした印象から、ブータンに（これまた漠然とした）期待を抱く人は多いのではないか。

本シリーズは第五巻第二章に、現代社会の物質文明に対して伝統と現代の両面から向き合うブータンの文化と宗教政策に関する概説を、ブータン仏教の専家である熊谷誠慈氏に依頼した。氏は『ブータン――国民の幸せをめざす王国』（二〇一七）の編著者であり、ほかにもブータンに関する論文は多い。その一方で、現地を訪れ、国策と国民生活のフィールドワークにも携わる。最新の内部事情を知る立場から、日本における宗教の将来についても何らかの提言があろう。どうぞ期待を寄せていただきたい。

二、現世の終わりをより良く迎えるために

仏教の経典に喩え話が多いのは既に述べた通りであるが、そうした仏教特有の喩えに、仏・法・僧の三宝に関して、仏を医王に、法を良薬に、僧（出家教団）を看病人に見立てる喩えがある。後秦の鳩摩羅什が漢訳した『大智度論』（『般若経』の注釈）に出る喩えである（大正新脩大蔵経第二十五巻・二二四頁

上段と二二五頁下段）。その後、様々な仏書にこの喩えを踏まえたバリエーションが現れた。医者を王（キング）に喩え、仏を王中の王（キング・オブ・キングズ）とみなすのは、人々が抱える悩みや苦しみを病に見立てる譬喩である。しかし単に譬喩というだけでなく、仏教は、実際の医療行為や治病法とも結び付いている。

本シリーズ第五巻の最終章は「現代医療と向き合う」と題し、現代社会において時を経るごとに重要度を増しつつある高齢者介護・ターミナルケア（終末期医療）などについて、専門に扱う立場から室寺義仁氏に今日的な最新事情を概説していただく。

ターミナルケアは医療の問題であると同時に、当人の生き方、この世のまとめ方、そして死後のあり方と切り離すことのできない社会的課題である。しかも誰の身にも起こり得る近い将来に目をそらさず、どのように対してゆくべきかを問う。正に現代社会と宗教の関連を、自身の命と身体と照らし合わせ、逃げずに、自ら答えを探さねばならない。

わたくしはターミナルケアについても高齢者介護についても確たることは何も言えないが、自分の問題として避けて通れないこと、認めるか認めないかという選択肢でなく、嫌でも誰もが直面する自身の事柄であることは分かっている。

現在、こうした問題に取り組む宗教側の多くは、伝統宗派か現代宗教と関わる場合が多い。「ホスピス」「グリーフケア」「スピリチュアルケア」といった幾つかの語が問題の全体を見渡すキーワードになる。単にわたくしが仄聞する限りに過ぎないが、名称のみを挙げるなら、浄土真宗は「ビハーラ活動」に取り組み、浄土宗は仏教福祉を表面に打ち出した活動をしている。こうした具体的な宗教団体の活動は、喫緊の課題性と他者救済という観点から、深い意味がある。しかしながら、特定の一宗教一宗派と深く繋がるということは、社会における問題として全体を見据えた対応のしにくさをも生みかねない。同じ問題を扱う他宗派に対する評価や印象を吐露することに困難をきたす事態があるかも知れない。そこで本シリーズでは、特定の宗派的活動への帰属を離れた超宗派的立場、場合によっては仏教を超えた立場からも論考を加えることのできる立場として、室寺氏に執筆を依頼した。氏は現在、滋賀医科大学医療文化学講座に所属し、宗派と医療のかかえる問題を宗派的立場からでなく、仏教学・宗教学と医療の全体から研究している。関連する論文に、室寺義仁「終末期や残された人たちへのケアに必要な死生観を学ぶ」（『民医連医療』〔全日本民主医療機関連合会〕五一七、二〇一五）がある。

【臓器提供と菩薩行】　現代の生命倫理と関わる大きな問題に、脳死と臓器移植がある。ある人が臓器移植手術に必要な臓器のドナーとなる意思を示す場合を考えてみると、一般的に言って、ドナーとなるかどうかは、当人の宗教と直接関係しない。しかし仮にドナーとなる意思を表明した人が仏教徒である場合はどうだろう。その仏教徒が後に何らかの事由で脳死状態となり、その後、健常者だった頃に示した意思に基づき臓器を他人に提供したとする。その場合、そのドナーは、大乗の菩薩として、自らの体を省みず他者を救済したという意味で、仏教の布施を実践したことになるであろうか。

この問題は、およそ一九九〇〜二〇〇〇年頃にかけて社会を賑わし、一部の仏教界や仏教学者からも真剣な意見が出された。仏教側からの反応は、臓器ドナーは菩薩かどうかについて、賛否両論となり、様々な意見が交わされ、現代的課題として、仏教系の学会でも取り上げられるまでになった。

ドナー提供賛成論者の仏教徒は、「ドナー提供の意思が明確ならば、臓器提供は現代流の布施である」と主張した。それに対して、反対論者は逆に、「仏教徒であっても本人に菩薩行の真の自覚がないならば、菩薩行でないし、布施行でない」と主張した。両主張は、相互の論点の不備や問題点の指摘を主として行われ、結局、大乗仏教徒はドナーとなるべきか否か、合意に達するに至らず、決着が付かぬまま、数年が経過した。

仏教徒からの解答が合意を得ぬ間に、事態は大きく展開した。臓器移植法の改正であった。臓器提供は菩薩行かどうかで議論が高まっていた頃、その基盤としていた法律は、一九九七年十月十六日に施行された臓器移植法であった。それによれば、ドナー候補者が心停止し、それを家族が承諾し、脳死と判断されるに至った場合、ドナー候補者本人が書面によるドナー提供の意思表示を確かに行っており、家族も臓器提供を承諾するならば、当人の臓器は、それを必要とする別人に移植することを合法的に認めた。ところがその後、二〇一〇年七月十七日、改正臓器移植法が全面施行された。この新たな法律によれば、書面によって本人の意思を確認できる場合でも、逆に本人の意思が不明な場合でも、明確に拒否する意思がなかったならば、ドナーとなって臓器を提供するかどうかは、当人でなく、家族が承諾すれば行えるという内容に大きく変化した。この法律によって、臓器提供行為と本人の意思は切り離された。その帰結は、仏教界の側から見れば一つしかなかった。本人の意思でなく、家族の意思によって提供可否が決まるなら、それが菩薩行かどうかを議論するための、そもそもの土台を失ってしまうから、仏教と臓器移植が繋がるかという議論そのものが成り立たなくなってしまった、と。

こうして仏教側の賛否がうやむやなまま、論議は実質的な終焉を迎えた。

現代社会において、医学と医療は現在実施し得る最新の技術で問題に取り組む。一方、仏教は、二千年を遥かに超える長い伝統の中で、人間の抱える心の闇や障害・悩みに対して、個別的地域文化の制約を離れた世界宗教として、多様な取り組みを展開して来た。医学は人間を物質的な体として扱うが、決して心の問題をないがしろにするわけではないから、高齢者介護・終末医療・精神的ケアの諸問題に繋がる態度を保とうとしている。仏教は、最新医療技術とは無縁であるが、人間のもつ心の活動や悩みに対する行動を連綿と続けている。医療行為と仏教活動が接するところに、医療技術だけでも心のケアだけでも対応し尽くせない身体的弱者に対する取り組みが成り立つ。

これは今後益々重要な喫緊の課題である。

終章　菩薩として今を生きる

【聖者の数】　本書では、インド大乗仏教には、菩薩の十地説のうち、初地に達したとみなされた人が予想外に少ないことを見てきた。具体的に言えば、大乗二大学派のうち中観派の中で初地以上の境地に至り聖者（アーリヤ）とみなされた者は、中観派の開祖ナーガールジュナ（龍樹）だけであった。ナーガールジュナを継いだ第二代のアーリヤデーヴァ（提婆、聖提婆）は聖者とみなされなかった。それどころか、八世紀後半頃に編纂された『マンジュシュリー・ムーラ・カルパ *Mañjuśrī-mūla-kalpa*』という大乗仏教文献においては、アーリヤデーヴァのことを「アーリヤ（聖者）でないのにアーリヤと称する〔遊行僧〕がシンハラ島（スリランカ）に住まう」と揶揄されている（船山二〇一九b・二一頁）。

一方、瑜伽行派については早期の三人を紹介した。すなわちマイトレーヤ（弥勒）については、最高位の十地に至ったという伝承が中国に確かめられたが、これは例外的な唯一の高位であった。中国の伝承ではマイトレーヤは瑜伽行派の根本聖典『瑜伽師地論』を説いた菩薩であり、過去に既に涅槃に至ってこの世を去ったシャーキャムニ（釈迦牟尼、釈尊、ガウタマ・シッダアルタ）の後の遠い将来に、仏としてこの世に降臨することを約束された最高位の菩薩としてトゥシタ天で説法し続けていると信ぜられた。アサンガ（無著）とヴァスバンドゥ（天親、世親）の兄弟は、神格化されたマイトレーヤ菩薩と比べると、到達境地のまったく異なる、我々のこの世に生まれた生身の修行者だった。兄のアサンガについては、ナーガールジュナと同じ初地に達したという伝承がインドから中国に伝わった。それに対して、弟のヴァスバンドゥは、大乗仏教思想史における名高さとは裏腹に、初地に到達できずに、凡夫のままこの世を去ったと信ぜられた。

本稿ではアサンガおよびヴァスバンドゥ以降の修行者に関して、聖者の位に達したと信ぜられたインドの大乗修行者を確認できなかった。わたくしの知識不足によることではなく、これまで誰も確定できていないことから推測すると、恐らくインド大乗仏教において現世で初地あるいはそれ以上の高位に達したと信ぜられた現実の修行者はナーガールジュナとアサンガの二人だけだったと言っても間違いないであろう。インド大乗仏教における聖者の数はまことに少ない。

【勝れた著作者たち】　インド大乗仏教史に名を残す僧たちは多い。よく知られる名を挙げるだけでも、中観派には、バーヴィヴェーカ Bhāviveka（清弁、六世紀）、チャンドラキールティ Candrakīrti（七世紀前半頃）、シャーンティデーヴァ Śāntideva（七世紀後半頃）、ジュニャーナガルバ Jñānagarbha（八世紀前半頃）、プラジュニャーカラマティ Prajñākaramati（十世紀末頃）らがいた。瑜伽行派には、ディグナーガ Dignāga（陳那、六世紀前半頃）、スティラマティ Sthiramati（安慧、六世紀）、ダルマパーラ Dharmapāla（護法、六世紀）、シーラバドラ Śīlabhadra（戒賢、七世紀前半）、ダルマキールティ Dharmakīrti（七世紀）、ジュニャーナシュリーミトラ Jñānaśrīmitra（十一世紀初頭）、ラトナキールティ Ratnakīrti（十世紀末〜十一世紀初頭頃）、ラトナーカラシャーンティ Ratnākaraśānti（十一世紀初頭）らがいた。さらにこの二学派を統合した瑜伽行中観総合学派には、シャーンタラクシタ Śāntarakṣita（八世紀中頃〜後半）とカマラシーラ Kamalaśīla（蓮華戒、八世紀後半〜末頃）がいた。これらのほとんどは哲学的論書や注釈書の著者として知られる学僧であるが、こうした者たちがどれほど有名な思想家であっても、修行者として到達し得た境位は異なっていた。つまりヴァスバンドゥと同じく、理論的学説の著述に勝れているのは疑いないけれども、そのことと、この世で到達した宗教的境地の高低は別の事柄であると、我々は理解すべきである。

【カマラシーラ】　細かな論証は敢えて割愛するが、わたくしは右に述べたような観点から、カマラシーラの宗教的到達点と彼の修行体系について論じたことがある（船山二〇〇四）。カマラシーラはチベットに仏教教理学を伝えた早期の学僧として知られ、チベットにおいても重視された。一般にチベット人は、インド僧に言及する時、そのインド僧が聖者の位に達した人であれば、その名にパクパ *'phags pa*（サンスクリット語のアーリヤ *ārya*「聖者」に当たるチベット語）を付して呼ぶ。例えばナーガールジュナを「聖者ナーガールジュナ」と、アサンガを「聖者アサンガ」と尊称する。それに対して、ヴァスバンドゥを聖者バンドゥと称する文献は、管見の限り、チベット仏教に残されていないようである。それと同じようにダルマキールティ、シャーンタラクシタ、カマラシーラらは、学僧としてチベット仏教史で最高の尊敬を集めたが、彼らの名に「聖者」を冠する例をわたくしはまったく知らない。ではそのような人々は何と呼ばれるかというと、一般にはチベットでルポン *slop dpon* を冠する。この語はサンスクリット語のアーチャーリヤ *ācārya*（師、先生）に当たるチベット語である。それ以外にも尊称としてケンポ *mkhan po*（僧正）を冠する呼び方もあり、シャーンタラクシタやカマラシーラはケンポを付して呼ばれたことが、インド仏教史を述べるチベット語文献である『プトン仏教史』や『ターラナータ仏教史』から知られる。それらよりさらに古い『バ・シェ *dBa' bzhed*』という文献も、シャーンタラクシタとカマラシーラをケンポと尊称する。しかし、彼らをパクパ（聖者）と尊称するチベット仏教史書はないと言ってよいように思われる。

一方、カマラシーラの考え方を窺い知ることのできる重要文献として『ブハーヴァナー・クラマ *Bhāvanākrama*（反復実習の順序）』三篇がある。この書に触れた解説が第二章第一節三「無分別の体得――カマラシーラ」の項にあることを思い出していただきたい。これはカマラシーラがインドを去り、チベットに滞在した晩年に残した一種の講義記録である。瞑想修行を初歩から段階を経て解説する。とりわけ『ブハーヴァナー・クラマ』第三篇は、瞑想の手ほどきとして初心者の段階から説き起こし、最後に菩薩十地説の初地に達する状態を説き、それを修行の頂点とする。そしてその後はごく簡潔に二地から十地までを略説し、話を閉じる。

わたくしがかつて着目したのは、十地のうち初地が実質的頂点として説き明かされ、カマラシーラは初地より後の、より高い境地には実質的関心を示さず、極めて簡略に論述を済ませていることであった。カマラシーラの教える坐禅をする時、その実際の目標は十地でなく、初地なのである。このことは、精神統御法に秀でた修行者であっても現実に到達できるのは初地までであり、多くの者はそこにすら至れないことを含意している。こう解釈すると、カマラシーラは自ら初地の聖者に到達することなく、それ故、聖者と呼称されることもなく、そして彼の説く修行も初地に到達するまでのことのみを説き示すものであると解釈するならば、『ブハーヴァナー・クラマ』の論述する内容を体系的に、そして整合的に理解することができる。

【凡夫の活動】　こうした考察から結論として何が言えるかというと、現代の我々の多くが抱いている、インド大乗仏教には初地やそれ以上の境地に達した聖者が多数いたのだろうという莫とした想像は、実は幻想にすぎないのである。インドの大乗仏教は、その理論において聖者とは何か、どのように修行すれば聖者となれるかを体系的に論じはするけれども、そうした理論面と現実の修行は異なると理解しなければならない。要するに、インド仏教史は、聖者たちの歴史ではなく、聖者になることを願望し続けた凡夫たちの歴史なのである。同じことは中国仏教史に名を残した修行者たちにも当てはまる。本稿第一章第六節四「中国の菩薩b　厳しい修行者の伝統」で論じたように、中国においては、天台学の南岳慧思や智顗は、自らの修行境地を決して高いものとはみなさず、さらにこれからも修行を積むべき修行途中の身と認識した。また第二章第二節二「玄奘の往生願望」で論じたように、法相学の基礎を築いた訳経僧の玄奘も同様に、自らを安易に聖者と結び付けることをせずに凡夫としてこの世を終え、臨終にあたり、マイトレーヤの住まうトゥシタ天に往生し、その「内院」にてマイトレーヤの説法を直々に聴聞できますようにと願いつつ逝去した。つまり玄奘もまた、将来は聖者になりたいと希求し続けた凡夫であった。このように、中国における真摯な修行者たちも凡夫の自覚を抱いていた。

【悟りを論述すること】　わたくしはこれ以上、屋上屋を重ねる想像を巡らすつもりはないけれども、恐らく前近代のインド仏教史や中国仏教史は、現実の修行者像という観点から言えば、凡夫たちが活動した歴史なのである。そうであるとすれば、仏教史における凡夫意識は、日本中世仏教史の特色などではなく、仏教史全体の特色であると解釈すべきことになる。

同じ事柄を、著作内容に即して次のようにも言える。すなわち悟りとは何か、菩薩の高い境地とは何か、そして仏智とは何かを説く理論的思想書がある場合、我々は――特に東アジア漢字文化圏の人々は――著作者がそれらを実体験しているから説くことができたのだろうと想像しがちである。しかしながら高い宗教的境地は体験した人でなければ記述できないかどうかは、そう単純ではない。自ら悟っていなくとも、仏の教説を正しく理解し、合理的に思考することができれば、自ら実体験したことでなくとも論述したり、是非を判定したりすることは可能であると理解しなければならない。

ちょうどヨーロッパ中世のスコラ哲学で神学者が神の全知全能性を論じたり、論証したりしたが、神学者が自ら神となることは当然できなかったのと同じように、仏教における悟りの智慧や菩薩の高い境地もまた、自らそれに到達せずとも記述することは可能であったと言うことができるのである。

文献に即して具体的に確認できるのはヴァスバンドゥである。玄奘を受け継いだ窺基は、『成唯識論述記』巻一本で、ヴァスバンドゥの行位についてこう述べている。

世親は地前の菩薩であったけれども、〔外界は存在せず、ただ心の現れに過ぎないという〕唯識性について確かな理解を抱いていたので、まだ〔自ら〕真実を、直接体験することはなかったとはいえ、〔仏の教説に〕従って学得した。

（大正新脩大蔵経第四十三巻・二三三頁上段）

窺基を継いだ慧沼も、『成唯識論了義燈』巻一本で、ヴァスバンドゥの行位と著作の関係を、次のように述べている。

世親菩薩の境地は初地より以前であったが、上述の〔常・楽・我・浄の〕四徳目をすべて具えていたので、〔聖者の境地を解説する〕論書を著すことができた。

（大正新脩大蔵経第四十三巻・六七一頁中段）

これらは、悟りの実体験がなくとも、精進と学習によって仏説を正しく記述することはできるということを示している。

【密教で生じた変化】　誤解を避けるため、一つ説明を補っておきたい。それは、インド大乗仏教でかなり遅れて沸き起こった密教についてのことである。密教は、密教以外の過去の偉人と同名の人を輩出した。最も広く知られるのは、中観派のナーガールジュナと同じ名前の、密教のナーガールジュナである。密教のナーガールジュナが登場したのは五、六百年遅れる。それを受けて密教のナーガールジュナは実は中観派のナーガールジュナその人であると主張するため、ナーガールジュナの寿命を六百歳ないし七百歳としたことも知られている。ナーガールジュナに類する伝承は、その後、弟子のアーリヤデーヴァにも適用され、更に後のチャンドラキールティにも密教のチャンドラキールティが立てられた。ナーガールジュナとアーリヤデーヴァ、チャンドラキールティを密教経典『グフヤサマージャ』における聖者の系譜として確立しようとしたことも明らかになりつつある（Kevin A. Vose, *Resurrecting Candrakīrti*, Boston : Wisdom Publication, 2009 : pp. 30-32）。中観派のアーリヤデーヴァとチャンドラキールティが聖者と信ぜられたことはなかったにも関わらず、中観派と密教が結合する過程でアーリヤデーヴァとチャンドラキールティは聖者に格上げされたのであった。チャンドラキールティについては、十三世紀のチベット僧ダルマスヴァーミンが著したインド巡礼記に、チャンドラキールティを「聖者チャンドラキールティ師（*slop dpon 'phags pa Zla ba grags pa*）」と表現する例が見られることも付記しておこう（G. Roeric, *Biography of Dharmasvāmin*, Patna : K. P. Jayaswal Research Institute, 1959 : pp. 30&91）。

このように、後の時代に、密教という新たな大乗仏教の流れにおいて、聖者の増加が謀られた様子が徐々に解明されつつある。しかしながら密教はあくまで後代の、相当程度に際だった相違を含む大乗仏教であり、それを大乗仏教史の中心に置くことは様々な点で問題を生じる。あくまで後代の異説として受け止めておくのが穏当であると、ここでは考えておきたい。つまり密教で聖者の数が増えたとしても、それをインド仏教史全体の傾向として一般化し過ぎるべきではないのである。インドの大乗仏教史は凡夫たちの歴史であったと見るのが基本であり、密教の独自性はそうした基本構造との対比として捉えるべき事柄であろうと考えたい。

最後に、インドの大乗仏教史は、聖者を多数輩出した歴史でなく、凡夫として修行し、学説を誤りなく極めようと努めた人々の歴史であったと理解すべきであろうという提案を繰り返して、本書の結びの言葉とする。

あとがき

本書は『シリーズ実践仏教』全五巻の第一巻である。このシリーズは、「序」の冒頭に記した通り、仏教の過去と現在を、行動ないし行為という観点から概説する試みを世に問う。行為の理論ではなく、現実の具体的な行為とその諸相に焦点を当てる。本シリーズで「行為」または「行動」、「実践」と言う場合、仏教の伝統的な言葉の意味に従い、行為は、体を動かす身体的な行為だけではなく、言葉を用いる発話行為や、さらにそのもとになる精神的な行為をも含むものとする。

シリーズの口火を切る本冊第一巻は、行為に関する大乗仏教の教えの内容を身をもって示す「菩薩」に着目する。菩薩として日々生きるとはどのような生き方であるかを説き起こし、同時に、シリーズ全体への序論としての意味合いを込めて解説するよう配慮した。ただ、理論より実際の行動に着目することを謳いながら、本書は五冊のうち最も理論くさい概説となってしまっているかも知れない。言い訳をする積もりはないけれども、理論くさくなっていることには、思い当たる節がある。まず、菩薩という生き方は大乗の根幹と分かちがたく結び付いているので、菩薩という生き方は、現代に至るまで、理論と不可分に結び付き、切り離せない。さらにもう一つ、わたくし自身の関心が理論そのものではないにせよ、理論と実践のつながりに存することともきっと関係していよう。

わたくしは寺の生まれでもないし、僧籍とも無縁な一介の在家に過ぎない。しかし大乗仏教の立場では、出家か在家かの別が根本的な決め手となるわけでないのも事実である。わたくしは西暦二〇〇〇年から現在の職場に勤務し、それ以来「インド・中国における仏教の学術と実践」という題目を掲げて研究を続け、はや二十年になろうとしている。今でも仏教において理論付けることのもつ意義は大きいと強く信じている。そしてさらに、仏教には「主知主義」とでも称すべき、認識の質と理論性を重んじる傾向が強いため、理論からまったく独立した仏教の歴史というものは考えにくい。一方、体を動かして仏教を具現してみせる行為、とくに戒律と絡む諸事情は、仏教徒の生きる基盤として価値が高い。仏教の東方伝播に伴って必然的に生じた東アジア的な漢字文化圏の仏教の具体的な特色にも、知っておくべき事柄はたくさんある。

本シリーズは、臨川書店より刊行していただくことに決まったのと同時に構成の企画を始めた。わたくしが臨川書店のお世話になった経験は既に多く、直接的なところだけでも、『東アジア仏教の生活規則『梵網経』――最古の形と発展の歴史』（二〇一七年）と『仏教の聖者――史実と願望の記録』（二〇一九年）という二つの単著を刊行している。そしてそれらに続くものとして本シリーズに携わることとなった。本書を含む三冊ともすべて臨川書店編集部の工藤健太さんの大きな助力を得たことを嬉しく思い、深く感謝している。わたくしの元原稿にあった説明の不足や文意のねじれ、行論の問題を是正する過程において、工藤さんからいただいた示唆は計り知れない。職場にほど近い臨川書店から本シリーズを刊行することの意義も決して小さくないと実感する。

今後さらに四巻を通じ、それぞれ別の角度から仏教の実践行為の幅と奥行きの概説が展開されるであろう。編者として各テーマに最適な人選に務めた。いずれも予備知識を必要とせずに読めるよう細心の注意をはかって執筆された原稿ばかりであるので、是非これを期に、五巻全体を通読することから得られる仏教実践の豊かな世界を堪能いただきたい。

令和元年初秋　京都岩倉の寓居にて

船山　徹

参考書――理解を深めるために（本文で直接言及しなかったものも含む）

石井（二〇一七）　石井公成『〈ものまね〉の歴史――仏教・笑い・芸能』、東京・吉川弘文館。

大谷（一九三七）　大谷光照『唐代の仏教儀礼』、東京・有光社。

恩田（一九七九）　恩田彰「禅と創造性」、玉城康四郎（編）『仏教の比較思想論的研究』、東京・東京大学出版会、五一一～五五五頁。

梶山（一九八四）　梶山雄一「落語と仏教」、同『菩薩ということ』、京都・人文書院、一九八四、一六六～一九四頁。

熊谷（二〇一七）　熊谷誠慈（編著）『ブータン――国民の幸せをめざす王国』、大阪・創元社。

倉本（二〇一六）　倉本尚徳『北朝仏教造像銘研究』、京都・法藏館。

野口（二〇〇二）　野口圭也「臓器移植に関する仏教学的解釈をめぐって」、『豊山学報』四五、一四五～一六五頁。

久松（一九六九）　『久松真一著作集　第1巻　東洋的無』、東京・理想社。

ドルチェ・松本（二〇一〇）　ルチア・ドルチェ／松本郁代（編）『儀礼の力――中世宗教の実践世界』、京都・法藏館。

船山（二〇〇四）　船山徹「瞑想の実践における分別知の意義――カマラシーラの場合」、『神子上恵生教授頌寿記念論集　インド哲学仏教思想論集』、京都・永田文昌堂、三六三～三八六頁。

船山（二〇一三）　同『仏典はどう漢訳されたのか――スートラが経典になるとき』、東京・岩波書店。

船山（二〇一七）　同『東アジア仏教の生活規則『梵網経』――最古の形と発展の歴史』、京都・臨川書店。

船山（二〇一九a）　同『六朝隋唐仏教展開史』、京都・法藏館。

船山（二〇一九b）　同『仏教の聖者——史実と願望の記録』、東方学叢書、京都・臨川書店。

蓑輪（二〇〇八）　蓑輪顕量『仏教瞑想論』、東京・春秋社。

蓑輪（二〇〇九）　同『日本仏教の教理形成——法会における唱導と論義の研究』、東京・大蔵出版。

蓑輪（二〇一四）　同（編著）『マインドフルネス：仏教瞑想と近代科学が生み出す、心の科学の現在形』、別冊サンガジャパン3、東京・サンガ。

村田（二〇一三）　村田みお「金字経の思想的系譜——中国六朝期から日本平安期まで」、『東方學報』京都八八、一五一〜一八七頁。

室寺（二〇一五）　室寺義仁「終末期や残された人たちへのケアに必要な死生観を学ぶ」、『民医連医療』（全日本民主医療機関連合会）五一七、六〜一三頁。

吉川・船山（二〇〇九a）　吉川忠夫・船山徹（訳）『高僧伝（一）』、岩波文庫、東京・岩波書店。

吉川・船山（二〇〇九b）　同『高僧伝（二）』、岩波文庫、東京・岩波書店。

吉川・船山（二〇一〇a）　同『高僧伝（三）』、岩波文庫、東京・岩波書店。

吉川・船山（二〇一〇b）　同『高僧伝（四）』、岩波文庫、東京・岩波書店。

図版一覧

シリーズ実践仏教　刊行の言葉

京都大学人文科学研究所教授　船山　徹

世界の様々な宗教には、心のあり方を重んずる宗教もあれば、体を動かすことをより重視する宗教もある。仏教は、過去の歴史と現在社会において、心の状態を重視しながら、その一方で教えを口で説き示し、体を動かして実践してみせることにも大きな意義を認めている。

本シリーズは実生活や行為と仏教のつながりに目をあてる。仏教の概説書は、思想や教理という抽象的な側面から仏教を照らし出すことが多いだろうが、本シリーズはこれまであまり注目されてこなかった実践行為を取り扱う。

仏教の実践に着目する概説はこれまでもたくさんあった。しかし例えば「インド大乗仏教の瞑想実践」という概説があるとしよう。内容は実践と関係するに違いないだろうが、実際に中身を読んでみると、「具体的な実践」は取り上げず専ら「実践に関する理論」の説明に終始することがよくある。具体的な実践それ自体でなく、実践修行に関する抽象的理論を扱うだけの場合がままあるのだ。このような理論の枠組みに収まりきらないような具体的な事柄をもし主題とするなら、仏教の歴史や現状をどう説明できるだろうか。編者としてわたくしは、まさにこのような視点から『シリーズ実践仏教』を世に問いたい。

本シリーズの第一巻は、菩薩という大乗仏教の理想とする生き方を概説する。第二巻は、長い時間のなかで生きものは輪廻し何度も生まれ変わることの意味を取り上げる。第三巻は深い信仰から仏像や碑文を作る行為を具体的に説き明かす。第四巻は信仰とかかわる写経(経典の書写)の意義と、仏教の娯楽となった芸能や言葉遊びを紹介する。以上が前近代と関係するのに対し、第五巻は現代社会に息づく仏教を三章に分けて扱う。すなわち最初期から重視されつづけてきた瞑想法(精神統制)の今日的発展を扱う章、世界の仏教国の中で独自の価値を示し、注目されているブータン王国の仏教実践を解説する章、そして最後に、現代社会の避けられない課題として長寿のもたらす支援介護のあり方とターミナルケアにおいて仏教が果たす役割を紹介する章である。

本シリーズをきっかけに多くの読者が仏教の歴史と現代的課題に思いを寄せ、様々な形で現れた実践仏教について理解を深めるのに役立てて頂けるならば、編者として望外の喜びである。どの章も読者の目線を考えて分かり易くなるよう入念に執筆されているので、是非ご一読いただきたい。

船山　徹（ふなやま　とおる）

1961年栃木県生まれ。京都大学大学院文学研究科博士後期課程中退。京都大学人文科学研究所教授。プリンストン大学、ハーヴァード大学、ライデン大学、スタンフォード大学等において客員教授を歴任。専門は仏教学。主な著作に『仏教の聖者─史実と願望の記録』（臨川書店、2019)、『東アジア仏教の生活規則 梵網経─最古の形と発展の歴史』（臨川書店、2017)、『仏典はどう漢訳されたのか─スートラが経典になるとき』（岩波書店、2013)『高僧伝(一)～(四)』（吉川忠夫氏と共訳、岩波文庫、岩波書店、2009-10）などがある。

菩薩として生きる

シリーズ 実践仏教 1

二〇二〇年一月三十一日　初版発行

著者　船山　徹

発行者　片岡　敦

印刷 製本　亜細亜印刷株式会社

606-8204 京都市左京区田中下柳町八番地

発行所　株式会社 臨川書店

電話(〇七五) 七二一-七一一一

郵便振替 〇一〇七〇-二-八〇〇

落丁本・乱丁本はお取替えいたします

定価はカバーに表示してあります

ISBN 978-4-653-04571-7　C0315　© 船山　徹 2020

〔ISBN 978-4-653-04570-0　セット〕

索　引

あ行

か行

さ行

た行

な行

は行

ま行

や行

ら行